KB162747

왜
갑신정변은
삼일천하로
끝났을까?

교과서 속 역사 이야기, 법정에 서다

48
역사공화국
한국사법정

김옥균 vs 민영익

왜 갑신정변은 삼일천하로 끝났을까?

글 이정범 | 그림 이일선

㈜ 자음과모음

갑신정변은 1884년 12월 4일, 김옥균 등 급진 개화파가 일으킨 정변입니다. 정변이란 '혁명이나 쿠데타 따위의 비합법적인 수단으로 일어난 정치적인 큰 변동'을 뜻해요. 우리나라에서는 고려 때의 무신 정변을 비롯해 갑신정변, 5·16 군사 정변, 12·12 사태 등 여러 차례 정변이 일어났습니다. 무신 정변과 5·16 군사 정변, 12·12 사태는 모두 나라를 지켜야 할 군인들이 군사적인 힘으로 정권을 차지한 사건입니다. 그 과정이 민주주의에 어긋나며 헌법을 어기는 일이었기에 혁명이라 하지 않고 정변 또는 사태라고 부르게 된 것입니다.

그렇다면 갑신정변도 마찬가지였을까요?

갑신정변이 일어날 무렵 우리나라는 왕이 권력의 중심인 왕조 국가 또는 전제주의 국가였습니다. 따라서 김옥균 등 개화당 지식인들이 반대파 대신들을 죽이고 왕과 왕비를 인질로 삼아 정치 개혁을 벌이려고 했던 일은 분명히 나라의 법을 어기는 일이었습니다. 쉽게 말하면, 삼국 시대나 고려 시대, 조선 시대에 수없이 일어났던 반역 사건과 크게 다르지 않았습니다. 따라서 김옥균 등은 갑신정변에 실패한 뒤 '대역 죄인'이란 죄명으로 능지처참당했으며, 그 가족들 또한 모조리 목숨을 잃는 처지가 되었습니다.

그런데 얼마 후에는 반역자라는 누명을 벗었을 뿐 아니라 규장각 대제학이라는 높은 벼슬(정2품)에 추증되었지요. 정2품이면 지금의 장관급에 해당합니다. 대체 대역 죄인이 갑자기 정2품 벼슬로 받들어진 이유는 무엇일까요? 여기에서 우리나라 근대사가 놀이공원의 바이킹처럼 들쑥날쑥했다는 걸 느낄 수 있습니다. 그리고 김옥균 등이 갑신정변을 일으킨 이유와 과정, 의의에 대해서 깊이 생각해 보게 됩니다.

우리 근대사에서 중요한 역할을 한 개화파는 수천 년 동안 이어졌던 봉건 제도를 버리고 조선을 하루빨리 근대화시키자는 뜻에서 생겨난 정치 세력이었습니다. 따라서 그들은 역사의 선구자들이라 할 수 있고, 대부분의 선구자들이 그랬던 것처럼 보수파의 공격을 받게 되었습니다. 특히 보수파는 온건 개화파와 달리 김옥균 등 급진 개화파를 눈엣가시처럼 여겼습니다.

그들은 하루빨리 나라를 근대화시키고자 했지만 현실은 뜻대로 되지 않았습니다. 명성 황후의 친정 식구들로 이루어진 민씨 정권은

왜 갑신정변은 삼일천하로 끝났을까?

부정부패를 일삼았고 백성들을 괴롭혔습니다. 게다가 조선에 대한 지배권을 둘러싸고 청나라와 일본이 서로 힘을 겨루면서 조선 정부는 청나라의 꼭두각시로 전락하게 되었어요.

이런 때에 급진 개화파는 청나라의 간섭에서 벗어나 조선을 하루빨리 근대화시키자는 뜻으로 정변을 꾀하게 되었고, 매우 힘겹고 아슬아슬하게 정권을 잡았습니다. 하지만 명성 황후의 반발과 청나라의 간섭에 부딪혀 그들이 정권을 잡은 것은 겨우 삼 일에 지나지 않았어요. 따라서 오늘날 갑신정변을 '삼일천하'라고 부르게 된 것입니다.

그렇다면 여기까지 읽은 독자들은 더 이상 이 책을 읽을 필요가 없을까요? 아마 궁금한 게 많고 논술에 자신감을 가진 독자들은 그렇게 생각하지 않을 것입니다. 김옥균이 정변을 일으킨 과정과 그의 삶, 당시 조선의 상황, 그리고 개화파로 활약하던 민영익이 갑자기 입장을 바꾼 이유 등을 알면 갑신정변의 성격을 훨씬 쉽고 재미있게 이해할 수 있기 때문입니다.

자, 이제부터 여러분 스스로 김옥균 또는 민영익의 입장이 되어 갑신정변의 잘잘못을 가려 봅시다.

이정범

차례

외국과 맺은 최초의 근대적 조약인 강화도 조약 후 조선은 개화 정책을 추진하였다. 이때 적극적으로 개화를 펼치자고 주장한 사람들이 있었는데, 이들을 '개화파'라고 한다.

중학교

역사

VII. 개화와 자주 운동
  2. 개항과 개화 운동
    2) 개화와 척사의 대립은 왜 일어났을까?
      – 개화와 척사의 대립

VII. 개화와 자주 운동
  2. 개항과 개화 운동
    3) 개화당이 갑신정변을 통해 이루려 하였던 것은?
      – 갑신정변

임오군란 이후 조선은 청나라의 내정 간섭에 시달리게 되고 민씨의 세도 정치가 심해진다. 이에 개화파 세력은 새 정부를 구성하고 개혁 정치를 추진하려고 마음먹게 된다.

개항 이후 정부는 통리기무아문 등을 새로 설치하고 신식 군대인 별기군을 만드는 등 개화 정책을 펴게 된다. 하지만 개화에서 소외된 민중들은 반발할 수밖에 없었다.

고등학교 **한국사**

IV. 동아시아의 변화와 조선의 근대 개혁 운동
　3. 개화 정책의 추진과 반발
　　2) 정부의 개화 정책 추진
　　4) 임오군란

IV. 동아시아의 변화와 조선의 근대 개혁 운동
　4. 근대 국가 건설을 지향하다
　　2) 갑신정변

급진 개화파는 적극적이지 못한 개혁에 불만을 품고 정변을 일으켜 개화당 정부를 수립한 뒤, 국가 체제의 개혁을 모색하고 자유로운 상업의 발전을 도모하고자 하였다.

1854년	일본의 개항
1860년	베이징 조약 체결
1861년	미국, 남북 전쟁
1862년	청나라, 양무운동 시작
1868년	일본, 메이지 유신
1871년	독일 통일로 독일 제국 성립
1882년	독일, 오스트리아, 이탈리아, 삼국 동맹 성립
1884년	청프 전쟁
1885년	청나라·일본 톈진 조약 체결
1894 ~1895년	청일 전쟁
1899년	헤이그 평화 회의, 의화단 운동

入總賢勞崇光將軍東先龍司地方
與大吳融貨專道督見味瑞局工使功賜二
實里呢呢代國立呎永殖在會盒
大靑大皇希定却時提地界付與大衆大衆主益應
後刻立歸時後香承吟內以期諸奉年面管措
所及忠保最其其作為藤統外甚有援犯華
民自保書戶遇由提此而國各況委員會動
閑粲為諾戶本會剣段僮遵勢公今連到は
且無不公當賠相
一二月二十八日

김옥균(1851년~1894년)

조선의 개혁을 위해 갑신정변을 주도했던 김옥균입니다. 젊은 시절부터 개화사상에 눈을 떴고, 급진 개화파의 중심이 되었지요. 갑신정변은 기존의 낡고 불합리한 제도를 바꾸는 혁명적인 사건이었어요. 이런 나에게 친일파라는 오명을 씌우다니 참을 수 없습니다.

나대로

김옥균의 오명을 씻기 위해 나선 나대로 변호사입니다. 역사공화국에서 그동안 큰 활약을 하지는 못했지만 이번만큼은 반드시 승리할 것입니다.

원고 측 증인 **김홍집**

조선의 마지막 영의정으로 온건 개화파를 이끈 김홍
집입니다. 나는 급진적인 김옥균 일파와는 달리 중도
개혁 노선을 지지했어요. 급진 개화파의 갑신정변이
실패로 끝난 직후 조정에서 뒷수습을 담당할 적임자
로 선택되기도 했지요.

원고 측 증인 **홍영식**

김옥균을 도와 갑신정변에 참여했던 홍영식입니다.
개화사상의 대가 박규수 선생님 아래에서 김옥균과
함께 개화사상에 눈을 떴어요. 문벌도 좋았고 성품도
온화해서 누구에게나 존경을 받았답니다.

원고 측 증인 **박영효**

조선 말기에 김옥균과 함께 급진 개화사상에 앞장섰
던 박영효입니다. 일본 세력을 이용해서 청나라의 간
섭을 억제하기 위해 노력했고, 갑신정변을 함께 주도
했지요. 제물포 조약으로 인해 일본에 수신사로 가는
길에 고종의 명으로 우리나라 국기를 제작한 것으로
도 유명합니다.

피고 **민영익(1860년~1914년)**

나는 명성 황후의 친정 조카인 민영익이오. 처음에는
개화당에 참여하여 김옥균을 따라 일본을 견학하기
도 했어요. 하지만 보수파로 정치적 입장을 바꾼 후
김옥균이 갑신정변을 일으켰을 때 큰 변을 당했지요.
친일파인 김옥균을 암살하려고 했던 것은 당연한 결
정이었습니다.

피고 측 변호사 **임예리**

지성과 미모를 겸비한 변호사 임예리입니다. 예리한
분석으로 갑신정변을 일으킨 개화당이 친일파인 이
유를 밝혀내겠습니다.

피고 측 증인 **묄렌도르프**

나는 독일 사람으로 구한말의 외교 고문이었습니다.
한국 이름은 목인덕이라고 하지요. 민씨 정권의 지지
를 얻어 외교와 재정 분야에서 활동했고, 정치적으로
는 개화파와 대립했습니다. 이번 재판에서 김옥균의
만행을 꼭 증명하겠습니다.

나는 고종의 비이자 조선의 국모였던 명성 황후입니다. 교활한 일본으로부터 이 나라를 지켜내기 위해서는 청나라의 힘을 빌릴 수밖에 없었어요. 김옥균은 갑신정변을 일으켜 고종과 나를 가두고 일본을 끌어들인 장본인입니다.

임오군란이 일어나자 이를 진압하기 위해 파견된 위안스카이입니다. 임오군란에 힘을 보탠 흥선 대원군을 압송하여 청나라로 데려간 것으로도 유명하지요. 갑신정변이 일어났을 때에는 일본군과의 전투에서 승리하여 납치된 고종을 구출했답니다.

역사공화국 한국사법정의 명판사 공정한입니다. 이번 재판도 치열할 것으로 예상되지만 어느 때보다도 공정하게 판결을 내리도록 노력하겠습니다.

"내가 친일파라니……"

여기는 역사공화국 영혼들의 마을.

역사책에나 나오는 사람들이 옹기종기 모여 사는 곳이다. 역사 공화국이라는 이름만 들어도 여기가 얼마나 지루하고 재미없는 곳인지 짐작할 수 있을 것이다. 만약 천국과 지옥이 존재한다면 여기는 분명히 지옥일 거다. 내가 학교 다닐 때 가장 싫어했던 과목이 바로 역사 과목이기 때문이다. 이해도 안 되고, 외워야 할 건 왜 그렇게 많은지……. 내가 역사만 잘했어도 S대 법대에 합격했을 것이다. 아, 그런데 내가 누구냐고? 내 이름은 나대로. 이름이 웃기다고? 이래봬도 난 한국에서 잘나가던 변호사였다. 내가 살던 사회에서는 역사를 몰라도 살아가는 데 아무 지장이 없었다. 하지만 여기는 아니다. 역사를 모르면 무시당하거나 바보 취급 당하기 일쑤다. 이건 정말 재앙이다. 차라리 두 번 죽는 게 더 낫겠다. 에이, 텔레비전이나 봐야지. 마침 텔레비전에선 광고를 하고 있다. 아니, 광고에 나오는 저 여자는 임예리 변호사가 아닌가?

"역사공화국 시민 여러분, 억울한 일이 있으면 저 임예리를 찾아주세요. 역사 하면 임예리, 임예리 하면 역사 아닙니까? 저는 언제나 여러분 편에 서서 싸우겠습니다. 망설이지 말고 지금 바로 전화 주세요!"

역사 조금 안다고 잘난 척하는 저 밥맛없는 여자. 내가 대체 저 여자보다 못한 게 뭐야? 역사 하나 못한다는 이유로 이런 대접을 받다니 너무 억울하다. 나는 기분이 상해서 얼른 텔레비전을 꺼 버렸다.

그때 전화벨이 울렸다. 대체 이 시간에 누구지? 나는 퉁명스럽게 전화를 받았다. 수화기 너머로 굵고 낮은 남자 목소리가 들려왔다. 목소리로 짐작건대 전화를 건 사람은 중년쯤 되는 것 같았다.

"혹시 나대로 변호사 맞소?"

"뭐, 변호사라고 할 수 있죠."

"나대로 변호사에게 사건을 의뢰하고 싶소만……."

이 정체불명의 남자가 뭐라고 하는 거야? 내가 잘못 들었나?

"전 그쪽이 누군지도 모르고, 의뢰를 맡을 이유도 없어요."

"그렇다면 오늘 자『역사일보』2면을 좀 봐 주시겠소?"

나는 읽지도 않고 구석에 처박아 났던『역사일보』를 펼쳐서 재빨리 읽었다. 거기에는「친일파 김옥균, 갑신정변으로 반역을 꿈꾸다」라는 제목의 기고가 있었다. 필자는 민영익이었다. 김옥균이 일본의

힘을 빌려 조선 정부를 무너뜨리려고 했다는 내용이었다.

"김옥균이 누군지는 몰라도 참 나쁜 사람이네요. 그런데 이 기사가 어쨌다는 거죠?"

"내가 바로 김옥균이오. 오늘 아침 신문에 그런 기사가 난 걸 보고 분통이 터져 민영익에게 따졌더니, 오히려 내 잘못을 들먹이는 게 아니겠소? 이제 그 기사를 본 역사공화국 사람들도 나를 나쁜 놈 취급한다오. 나에 대해서 조금만 알아도 이런 오해는 없을 텐데……. 그래서 이 억울함을 풀기 위해 나 변호사한테 의뢰를 하려는 거요."

"죄, 죄송합니다만, 전 김 선생님이나 민영익이 누군지도 모르겠고……. 그런데 역사공화국에는 저보다 훌륭한 변호사들이 많은데, 왜 하필 저를 선택하신 거죠? 게다가 전 역사라면 질색하는 사람인데……."

"나도 나 변호사가 역사에 흥미가 없다는 걸 아오. 하지만 내 변호를 맡을 사람이 당신밖에 없는 걸 어쩌겠소?"

"그건 또 무슨 말인가요? 저밖에 없다니요?"

"다른 변호사들에게 부탁해 봤지만 재판에서 이길 가능성이 없다며 다들 거절하더군. 그래서 어쩔 수 없이 이렇게 연락한 거요. 꿩 대신 닭이라는 말도 있잖소."

"그럼 제가 닭이란 말입니까? 자존심이 구겨지네요."

"비유를 하면 그렇다는 거지. 아무튼 힘든 싸움이 될지도 모르는데, 한번 맡아 주겠소?"

나는 갑자기 오기가 생겼다. 만약 이 재판에서 이기면 나는 슈퍼스타 변호사로 떠오르겠지? 이건 좋은 기회일지도 모른다. 역사 공부를 해야 하는 게 마음에 걸리지만, 눈 딱 감고 한번 해 보지, 뭐.

"좋아요. 최선을 다해서 선생님의 억울함을 꼭 풀어 드릴게요."

"고맙소. 하지만 재판을 시작하기 전에 근현대사 공부를 많이 해야 할 거요. 그럼 나 변호사만 믿고 이만 끊겠소. 궁금한 게 있으면 언제든지 전화해도 좋아요."

역사 공부를 할 생각을 하니 벌써부터 머리가 아파 오기 시작하는데…….

갑신정변의 시작

　강화도 조약을 맺은 이후 근대화를 위한 조선의 노력은 계속되었습니다. 개화 정책을 추진하기 위해 '통리기무아문'이라는 특별 기구를 설치하기도 하고, 일본이나 청나라의 문물을 배우기 위해 관리들을 보내기도 했지요. 또한 서양 세력으로부터 나라를 지키기 위해 별기군을 만들기도 했습니다. 별기군은 우리나라 최초의 근대식 군대로 일본에서 들여온 소총으로 무장을 하고 일본인 교관에게 훈련을 받았습니다. 이렇게 별기군이 생기며 구식 군인들의 일자리가 줄자 구식 군인들은 크게 불만을 갖게 됩니다. 결국 차별 대우로 불만이 쌓인 구식 군인들이 들고 일어나지요. 무기고를 습격하여 무기를 구하고 민씨 세력들의 집을 습격한 이 사건이 바로 '임오군란'입니다. 구식 군인을 진정시키기 위해 흥선 대원군이 조정으로 복귀하지만, 이것도 잠시, 조선 땅에 들어온 청나라 군대에 의해 청나라로 유배 생활을 떠나게 됩니다.

　이렇게 파란만장했던 임오군란 이후, 조선에서 청나라의 입김은 점점 세어져 갔습니다. 하지만 일본 역시 만만치 않았지요. 이렇게 청나라와 일본의 틈바구니에 낀 조선의 조정에서는 선진 문물을 받아들여 나라의 힘을 키워야 한다는 개화파의 주장이 점점 강해지고 있었습니다.

당시 개화파의 주장도 크게 두 가지로 나뉘었습니다. 바로 온건 개화파와 급진 개화파인데, 온건 개화파는 청나라의 양무운동을 본받아 나라 고유의 정신과 문화를 지키면서 차근차근 신식 문물을 받아들이자고 했습니다. 하지만 급진 개화파는 일본의 메이지 유신을 본받아 빠르게 근대화를 이루자고 주장했지요. 우리나라 고유의 전통보다는 나라가 힘을 갖는 게 중요하다고 생각했기 때문입니다. 그래서 급진 개화파는 개화당을 만들고 혁명을 통해서라도 새로운 정부를 세워 정치의 주도권을 잡기로 결정하였고, 우정총국 개국 축하 현장에서 민씨 세력을 몰아내고 새로운 정부를 세우는 거사를 치르기로 합니다. 마침 청나라 군대가 베트남에서 프랑스와 전쟁을 하느라 많이 조선을 떠났기 때문에 이날을 적기라고 판단했던 것이지요. 이렇게 갑신정변은 시작되었습니다.

원고 | 김옥균	대리인 | 나대로 변호사
피고 | 민영익	대리인 | 임예리 변호사

청구 내용

저 김옥균은 어려서부터 시와 서예, 바둑 등 모든 분야에서 조선 최고라 할 만하여 팔방미인이란 소리를 들었습니다. 저는 일찍이 조선을 근대화시켜야 한다는 생각으로 박규수 등 선구자들로부터 개화사상을 배우고 깊이 공부했으며, 뛰어난 리더십으로 수많은 동지들을 이끌며 개화당을 조직했습니다.

개화당은 조선의 전통과 문화를 지키면서도 서양의 근대 문물을 받아들여 조선을 근대화시키기 위한 사람들의 모임이었습니다. 개화당은 조선의 문물을 발전시킬 뿐만 아니라 신분 차별을 없애고 남녀평등을 이루어야 한다고 강조했습니다. 또한 왕이 모든 권한을 가지는 전제 군주제가 아니라, 왕과 신하, 백성들이 권한을 함께 나누는 입헌 군주제를 추진하려고 했습니다.

이처럼 역사의 선구자였던 개화당이 나라를 바로 세우기 위해 혁명을 일으켰는데, 오늘날 이를 '갑신정변'으로 부르며 개화당이 마치 큰 반역이라도 저지른 것처럼 여기고 있습니다. 더구나 피고인 민영익은 내가 혁명을 성공시키기 위해 잠시 일본의 힘을 빌리려 했던 것을 두고 '친일파'라고 기고를 했으니 참으로 억울합니다.

저 김옥균은 갑신정변이 옳은 선택이었다는 걸 밝히고 명예를 회복하기 위해 피고 민영익을 법정에 세우고자 합니다. 개화당이 일으킨 갑신정변은 결코 나라에 반역하기 위해 일으킨 사건이 아니며, 저를 비롯한 개화당이 친일파가 아니라는 사실이 이번 재판에서 밝혀지기를 기대합니다.

입증 자료

- 초등학교 사회 교과서
- 중학교 역사 교과서
- 고등학교 한국사 교과서
  그 외 자료 추후 제출하겠음.

위 청구인 김옥균
역사공화국 한국사법정 귀중

김옥균은
왜 갑신정변을 계획했을까?

1

개화파가 등장한 배경은 무엇일까?

여기는 갑신정변에 대한 첫 번째 재판이 열리는 한국사법정.

재판 시간이 다가오자 방청객들이 삼삼오오 모여서 이번 재판에 대해 이야기를 나누고 있다.

"얼마 전『역사공화국 신문』봤어? 김옥균 대감이 친일파라며?"

"난 그렇게 생각하지 않아. 친일파라면 이완용을 비롯해 일제 강점기에 나라를 배반하고 같은 민족을 탄압한 사람들을 말하는 거잖아."

"그런데 왜 김옥균에게 친일파라는 평가를 내렸을까? 어쨌든 이번 재판에서 진실이 밝혀지겠군."

그때 판사가 입장하자 모두들 입을 다물었다.

판사 　지금부터 재판을 시작하겠습니다. 방청객과 배심원 여러분은 자리에 앉아 주세요. 이번엔 김옥균 대감이 억울함을 풀기 위해 소송을 걸었군요. 먼저 원고 측 변호인, 이번 소송에 대해 간단하게 설명하세요.

수탈
남이 가진 것을 강제로 빼앗는다는 의미입니다.

나대로 변호사   존경하는 판사님, 그리고 배심원 여러분, 여기에 계신 분들이라면 이번에 논란이 되었던『역사공화국 신문』기사를 보셨을 겁니다. 기사에서는 원고를 친일파, 반역자라고 했지만 이는 사실이 아닙니다. 하지만 기사를 본 많은 사람들이 원고를 나쁜 사람으로 생각하고 있습니다. 그래서 원고가 소송을 결심하게 된 것입니다.

원고는 조선 후기의 혁명가로서, 그의 꿈은 조선을 자주적으로 근대화시키는 것이었습니다. 그 당시 민씨 정권이 세도 정치를 했는데 그들은 나라를 돌보기는커녕 백성을 수탈하는 등 사리사욕을 채웠습니다. 피고 민영익은 명성 황후의 친척이라는 점을 이용해 권력을 휘둘렀습니다. 피고는 처음에는 개화당 지도자로 활약했지만, 나중엔 이를 배신했을 뿐 아니라 개화당을 탄압하는 데 앞장을 섰습니다. 그런가 하면 피고의 친척들로 이루어진 민씨 정권은 권력을 지키려고 청나라의 힘을 빌렸습니다.

그래서 원고는 참고 참다가 정치 혁명을 일으킨 것입니다. 오늘날 사람들은 그 일을 갑신정변이라고 부르지만 실제로는 조선의 정치와 사회, 문화 제도를 바꾸려는 혁명이었습니다. 뿐만 아니라 근대 최초의 자주적인 개화 운동으로 평가받고 있지요. 만약 갑신정변이 성공했다면 조선은 부강한 나라가 됐을 것입니다. 그런데 사대주의

급진 개화파로서 갑신정변을 주도한 김옥균

에 물든 민씨 정권이 원고를 비롯한 개화파를 역적으로 몰아 갑신정변은 실패했습니다. 그 일로 개화당은 민씨 정권에게 매우 호되게 보복당했으며, 원고는 민씨 정권이 보낸 홍종우에게 결국 목숨을 잃고 말았습니다. 그것도 모자라 지금은 친일파라는 오명까지 뒤집어썼으니 얼마나 억울하겠습니까? 본 변호인은 이번 재판에서 원고에 대한 오해를 풀고 진실을 밝힐 것입니다.

판사   원고 측 변호인의 청구 이유를 잘 들었습니다. 이번엔 원고가 간단하게 자기소개를 하세요.

김옥균   나는 유서 깊은 양반 가문에서 태어났으며 두뇌가 뛰어나고 재주가 많은 것으로 유명했어요. 스물두 살 때 과거에서 장원 급제를 하여 벼슬을 시작했고, 리더십이 뛰어나 수많은 사람들이 나를 따랐지요. 내가 청년이 되었을 때 조선은 안팎으로 위기에 처해 있었습니다. 나는 박규수 등 개화사상의 선구자들로부터 가르침을 받았던 터라 그때 자주적인 개화를 펼쳐야겠다고 다짐했지요.

홍선 대원군이 물러난 뒤 내가 본 조선의 현실은 실망스러웠어요. ▶유학자들은 사대주의에 사로잡혀 조선의 근대화를 막았으며, 민씨 정권은 사리사욕만 채웠지요. 그로 인해 백성들이 날이 갈수록 힘겨워하는 걸 지켜보며, 이건 아니라고 생각했어요. 조선에도 큰 변화가 필요한 때였지요. 내가 살던 북촌은 현재 종로구 가회동 한옥마을 주변으로 양

교과서에는

▶ 청나라의 내정 간섭이 심해지자 개화 정책도 지연되기 시작했답니다. 그래서 급진 개화파의 불만은 커질 수밖에 없었지요.

반들의 집단 거주지였어요. 나는 그곳에서 뜻이 맞는 양반 자제들과 교류하며 조선의 미래에 대해 토론하곤 했어요. 김홍집, 홍영식, 민영익, 박영효, 서광범, 서재필 등이 나와 친했던 사람들입니다.

판사　원고에게 개화사상을 일깨워 준 분들을 간략히 소개해 주시겠습니까?

김옥균　박규수, 유대치, 오경석……, 이분들이 내 스승들이시오. 아마 역사를 잘 알지 못하는 판사님도 그분들의 명성은 들어 봤을 겁니다. 개화를 이야기할 때 빠지지 않고 등장하는 분들이지요. 박규수 대감은 역사공화국 법정에도 몇 번 서신 걸로 알고 있소이다. 이런 훌륭한 분들이 바로 내 스승들이었어요.

판사　박규수 대감이라면 저도 잘 압니다. 지난번 홍선 대원군과의 법정 소송에서 승소하셨지요.

김옥균　그 일로 스승님이 매우 기뻐하셨어요. 양반 유생들에게 오랑캐 취급을 받았었는데, 뒤늦게나마 우리 개화파가 인정을 받았기 때문이지요. 사실 홍선 대원군이 집권했을 때는 개화사상은 입 밖에도 낼 수가 없었어요. 그런 시기에 박규수 대감은 조선의 근대화를 위해 제자 양성에 힘쓰셨으니 역사의 선구자였지요. 그분 사랑방에서 개화사상을 배우던 게 엊그제 같구려.

판사　그렇다면 쇄국 정책을 추진하던 홍선 대원군이 물러난 후에는 개화당이 주목을 받았겠군요?

김옥균　홍선 대원군이 하야한 뒤 조선은 ▶강화도 조약을 맺었습니다. 그 일로 일본을 비롯해 서양 문물이 물밀듯

교과서에는

▶ 강화도 조약은 우리 나라가 외국과 맺은 최초의 근대적 조약으로 불평등 조약이었습니다.

이 들어와 조선은 점차 다른 세계에 대해 눈뜨게 되었어요. 또, 권력을 잡은 명성 황후도 개화를 받아들였습니다. 덕분에 우리 개화당은 음지에서 양지로 나올 수 있었지요. 개화의 바람을 타고 나를 비롯한 많은 개화파 사람들이 정계에 진출했어요. 나는 이제 내 꿈을 마음껏 펼칠 수 있을 거라 생각했지요. 부강하면서 모든 사람들이 평등하게 사는 나라를 만들고 싶었어요. 그런데 명성 황후를 비롯한 민씨 정권이 들어서면서 차츰 부정부패가 시작되었지요. 또, 개화파 안에서도 근대화하는 방법을 놓고 의견 차이가 생겨서 위기를 맞았어요.

판사 무슨 일이 있었던 겁니까?

김옥균 민씨 세력이 집권할 무렵 개화파는 두 파로 갈라졌습니다. 한쪽은 천천히 개화를 추진해야 한다는 온건 개화파였고, 다른 한쪽은 조선의 근대화가 시급하니 하루빨리 개화해야 한다는 급진 개화파였지요. 나는 급진 개화파, 김홍집 대감은 온건 개화파의 지도자로 각각 손꼽혔는데, 온건 개화파는 민씨 정권과 청나라의 도움을 받아 천천히 개화를 하자고 주장했어요. ▶온건 개화파와 급진 개화파는 개화를 하자는 데에는 뜻을 함께했지만, 이처럼 개화를 추진하는 시기와 방법에 대해서는 차이가 있었어요.

김홍집 대감은 개화를 하기 위해서는 큰 세력을 가진 민씨 정권과 타협해야 한다고 보았습니다. 하지만 나는 민씨 정권의 눈치를 보는 게 마음에 들지 않았어요.

나대로 변호사 급진 개화파는 흔히 '개화당'으로 불렸죠? 그리고 원고는 갑신년의 정치 혁명을 이끌었던 주역

교과서에는

▶ 개화 사상은 청나라의 양무운동과 일본의 문명 개화론의 영향을 받으며 확립되었지요. 때문에 개화 정책의 추진 방법에 따라 온건 개화파와 급진 개화파로 나뉘게 됩니다.

이었고요.

임예리 변호사   잠깐만요. 나 변호사는 갑신정변을 자꾸 혁명이라
고 부르는데 그것은 옳지 않습니다. 모든 역사가들이 그 사건을 정
변으로 평가 내린 게 언젠데, 나 변호사만 혁명이라고 부르는 건가
요? 혁명이란 대중들이 힘을 모아 체제를 개혁하는 것을 말합니다.
그래서 4·19는 혁명이라고 하지만 5·16은 군사 정변이라고 부르는

것입니다. 앞으로는 그런 표현을 삼가 주세요.

나대로 변호사　　나도 이번 재판을 위해 역사 공부 좀 했습니다. 그러니 임 변호사는 잘난 체하지 마세요. 이 대목에선 개화당이 혁명을 일으키려고 했던 원인부터 생각해야 합니다. 개화당은 부패하고 무능한 민씨 정권을 몰아내고 혁신 정강에 따라 조선의 제도와 문물을 개혁하기 위해 혁명을 일으킨 것입니다. 그래서 여기 나오신 원고를 혁명가로 부르는 겁니다.

임예리 변호사　　네, 일부 사람들은 혁명가라고 부르지요. 하지만 '실패한 혁명가'란 말은 왜 빼는 거죠? 원고는 정변을 일으키다가 실패한 인물일 뿐입니다.

나대로 변호사　　원고가 혁명에 실패한 건 사실이지만, 원고의 개혁 사상은 옳았습니다. 판사님, 저는 원고의 개화사상이 어떤 것인지 밝히기 위해 김홍집 대감을 증인으로 신청합니다.

판사　　허락합니다.

　　김홍집이 증언석에 앉아 선서를 마치자 먼저 나대로 변호사가 질문했다.

나대로 변호사　　증인은 원고와 어떤 관계였나요?

김홍집　　원고는 나보다 아홉 살 어렸지만 북촌에서 함께 개화사상을 익힌 동지라 할 수 있습니다.

나대로 변호사　　그러니까 원고와 함께 개화파를 이끌었던 선두 주자였군요?

김홍집　그렇다고 할 수 있지요. 원고는 언변이 뛰어나며 사람들을 이끄는 지도력이 있었어요. 그래서 나를 비롯한 많은 사람들이 원고를 따랐지요. 인기가 많은 사람이었어요. 그런 가운데 나는 개화파 지식인 중 나이가 많아서 내 뜻을 따르고 존중해 주는 사람도 여럿이었지요.

나대로 변호사　증인은 어떻게 개화사상에 관심을 가지게 되셨습니까?

김홍집　나 또한 김옥균 대감 못지않게 명문가 출신이라오. 그런데 내 부친이신 김영작 대감이 천주교인이었으며 박규수 대감과 절친한 사이였어요. 그런 영향으로 일찌감치 개화에 눈뜨게 되었지요.

나대로 변호사　그런데 오늘날 증인을 온건 개화파의 대표, 원고를 급진 개화파의 대표로 나누고 있는 이유는 뭔가요?

김홍집　양쪽 모두 조선을 개화하는 데 뜻을 함께했으며 하나의 줄기에서 뻗어 나간 나뭇가지와도 같아요. 하지만 개혁의 방법을 두고는 차이가 벌어졌는데, 김옥균 등은 일본의 메이지 유신처럼 단숨에 조선을 개혁해야 한다는 입장이었고, 나와 김윤식 등은 그렇게 할 경우 많은 부작용이 따를 것이 염려되니 서서히 개혁하자고 주장했어요. 그래서 갈라지게 된 것이지요.

나대로 변호사　증인 등 온건 개화파는 민씨 정권과 청나라에 의존했다는 비판을 받고 있는데, 그것에 대해서는 어떻게 생각하십니까?

김홍집　원고처럼 급진적인 개혁을 할 경우엔 조선의 전통을 지키

갑오개혁
갑오년인 1894년 7월부터 2년
뒤인 1896년 2월까지 약 19개
월간 3차에 걸쳐 추진된 개혁
운동을 말합니다.

던 보수파와 유림들, 그리고 백성들이 크게 반발할 게 분명했어요. 갑신정변이 실패한 것도 그 때문이지요. 그런 까닭에 우린 당시 권력을 쥐고 있던 민씨 정권에 참여하면서 서서히 개화 정책을 추진하려고 했을 뿐이에요. 그렇다고 민씨 정권의 허수아비 노릇을 한 건 아닙니다.

나대로 변호사　그러니까 조선을 근대화시키는 일에는 뜻이 같았지만 개혁의 방법을 두고 의견 차이가 생겼던 것이군요. 증인께서 훗날 갑오개혁을 추진할 때 급진 개화파의 정책을 많이 따랐으며 원고 등의 명예를 회복시켜 준 것도 같은 이유에서인가요?

김홍집　물론이지요. 갑신정변이 일어난 지 10년 만에 일어난 1894년의 갑오개혁은 조선의 문화와 전통을 획기적으로 바꾼 역사적인 사건이었어요. 이때 내가 갑오개혁을 이끌었는데, 급진 개화파가 내세웠던 신분 평등을 비롯한 수많은 정책을 추진했지요. 그리고 비참하게 숨진 김옥균의 명예를 회복시켜 주었고, 서재필 등 급진 개화파 사람들을 불러 함께 일했소이다.

나대로 변호사　잘 알겠습니다. 이상으로 증인 신문을 마치겠습니다.

판사　피고 측 변호인, 반대 신문 하시겠습니까?

임예리 변호사　네. 원고 측 변호인은 갑신정변을 자꾸만 혁명이라고 표현하는데요, 증인은 이걸 어떻게 생각하십니까?

김홍집　혁명이라 할 수도 있겠지만, 무력으로 반대파를 죽였고 주상 전하와 중전마마를 볼모로 삼았으니, 정확하게 말하면 쿠데타,

그러니까 정변으로 부르는 게 맞습니다.

임예리 변호사   감사합니다. 증인은 갑신정변 때 어떤 자리에 계셨나요?

판윤
조선 시대 수도인 한성부(서울)의 장관으로 정2품이었습니다.

김홍집   예조판서와 독판교섭통상사무를 겸임하고 있었습니다. 쉽게 말해 조선 정부의 외교 책임자, 지금의 외교통상부 장관과 같은 위치였지요.

임예리 변호사   그런데 갑신정변이 일어났을 땐 개화당으로부터 한성부 판윤으로 임명받으셨죠?

김홍집   하지만 그 사실은 나중에 알게 되었소이다.

임예리 변호사   그러다가 갑신정변이 끝난 뒤에는 좌의정 겸 외무독판으로 임명되어 갑신정변의 뒷수습을 맡으셨는데요. 그때 일본과 한성 조약을 맺게 되었죠?

김홍집   그렇습니다.

임예리 변호사   한성 조약이 어떤 내용인지 간략히 설명해 주시겠습니까?

김홍집   갑신정변이 실패하자 일본도 큰 피해를 입었어요. 성난 백성들이 일본 공사관을 불태워 없앴고 일본 장교인 이소바야시 대위 등을 살해했지요. 그때 마침 청나라가 프랑스와 전쟁하느라 정신이 없자, 일본이 조선 정부에 사죄할 것과 배상금을 요구했어요. 그래서 맺게 된 것이 한성 조약이었어요.

임예리 변호사   그러니까 갑신정변 때문에 조선 정부는 다시 일본에 무릎을 꿇고 굴욕적인 조약을 맺게 된 것이군요.

적반하장

'도둑이 오히려 매를 든다'는 뜻이에요. 잘못한 사람이 도리어 잘한 사람을 나무라는 것을 비유하는 말입니다.

김홍집　　그런 셈이지요.

임예리 변호사　　감사합니다. 이상입니다.

　　증인이 퇴장하자 임예리 변호사가 배심원들을 향해 말했다.

임예리 변호사　　방금 증언을 들으신 것처럼 갑신정변은 무력을 이용해서 일어난 쿠데타였으며, 그 사건 때문에 조선 정부는 일본에 다시 머리를 숙여야 했습니다. 그런데도 김옥균 대감이 오히려 민영익 대감을 고소하다니, 이런 것을 두고 적반하장이라고 하지요. 존경하는 판사님, 갑신정변의 진짜 피해자는 바로 오늘 피고로 나오신 민영익 대감입니다.

　　임예리 변호사의 발언에 법정 안이 소란스러워졌다.

"민영익 대감이 피해자라는 게 무슨 말이야?"

"천하의 임예리가 허튼 말을 하겠어?"

"그럼 이번 재판의 결과는 보나마나 뻔하지."

판사　　조용, 조용하세요! 피고 측 변호인은 계속하세요.

임예리 변호사　　개화당은 갑신정변을 일으키던 날 피고를 죽이려고 했습니다. 갑신정변이 일어난 그날 밤, 피고는 개화당 폭력배에게 칼을 맞아 목숨이 위험했습니다. 다행히 조선에 와 있던 미국인의사 알렌에게서 치료를 받고 기적적으로 살아났습니다. 덕분에 겨우 목숨은 건졌지만, 피고는 큰 충격을 받았으며 마음의 상처를 입었습니다. 피고는 그때의 기억 때문에 아직도 밤에 잠을 못 이룬다고 합니다. 이래도 피고가 피해자가 아닌가요? 원고는 살인마나 다름없습니다.

나대로 변호사　　조선 후기의 위대한 혁명가에게 살인마라니요? 그건 인격 모독입니다.

임예리 변호사　　내 말은 원고가 피고를 직접 죽인 것은 아니지만 개화당 세력이 폭력을 이용해 반대파를 죽였다는 뜻입니다. 살인마란 말은 취소할 수도 있지만, 원고가 이 모든 일을 뒤에서 조정한 것은 분명합니다.

나대로 변호사　　임예리 변호사, 혁명을 성공시키려면 반대파 사람들의 희생이 있을 수밖에 없습니다. 프랑스 혁명이나 러시아 혁명, 4·19혁명을 생각해 보세요. 얼마나 많은 사람들이 희생되었습니까? 그런데 임 변호사는 프랑스 혁명을 이끈 사람들을 살인마라고 비난할 수 있습니까? 더구나 피고도 한때는 개화당에 참여해 많은 활약을 했는데, 그렇다면 피고도 살인마 집단에 몸담았다는 뜻인가요?

판사　　잠깐만, 피고가 개화당에 몸담았다는 게 사실입니까?

나대로 변호사　　그렇습니다. 피고는 원래 개화에 관심이 많았으며, 개화당 지도자로 활약했습니다. 그런데 원고는 왜 개화당 동지였던 피고를 없애려고 했을까요? 내막을 살펴보면 이렇습니다. 피고는 명성 황후의 조카로, 민씨 가문이 정권을 잡자 **실세**로 떠올랐습니

실세
실제적인 세력 즉 실제적인 권력을 가진 사람을 말합니다.

다. 피고는 여러 중책을 맡으며 명성 황후의 신임을 얻게 되었지요. 그런 피고가 친선 사절로 미국과 유럽에 다녀온 뒤 갑자기 개화당을 배신하고 민씨 정권의 편에 섰습니다. 피고는 명성 황후를 위해 개화당의 정책과 계획을 방해하는 일도 서슴지 않았지요. 그것도 모자라 개화당을 탄압하는 데 가장 앞장섰습니다. 친구였던 사람이 한순간에 배신해 적이 되었으니 얼마나 황당한 일입니까? 피고가 개화당의 일에 사사건건 간섭하는 바람에 개화당은 낙동강 오리알 신세가 되고 말았지요. 이런 상황이라 어쩔 수 없이 피고를 제거하려고 한 것입니다.

임예리 변호사   그게 말이 된다고 생각합니까? 정치적인 입장을 바꿨다고 그 사람을 죽이는 건 옳지 않아요. 그런데 원고는 피고를 죽이려 했습니다. 혁명을 핑계로 자신의 이익을 지키기 위해 피고를 없애려고 한 겁니다.

민영익이 흥분한 나머지 자기도 모르게 소리를 질렀다.

민영익   옳소! 옳소! 임예리, 잘한다!

판사   피고는 소란 피우지 말고 체통을 지키세요.

임예리 변호사   판사님, 이번엔 피고가 개화당을 배신하고 오히려 탄압했다는 원고 측 주장에 대해 해명할 기회를 주십시오.

판사   허락합니다.

임예리 변호사   피고는 원래 개화당에 있었습니까?

민영익   흠흠……. 내가 배신자로 찍힌 것 같은데 말이야……, 개화당에 몸담았던 건 맞소이다. 그런데 개화당을 나온 게 그렇게 큰 잘못이오? 아니, 사내대장부가 살다 보면 이럴 때도 있고 저럴 때도 있는 거지, 뭔 그깟 일을 갖고 그래?

보빙사
조선 최초로 미국에 파견된 외교 사절단으로 고종 20년인 1883년에 파견되었습니다.

국서
국가의 원수가 국가의 이름으로 보내는 외교 문서, 즉 다른 나라로 보내는 외교 문서를 말합니다.

민영익의 말에 방청객들이 얼굴을 찌푸렸다. 몇몇은 우우— 하며 야유를 보냈다.

임예리 변호사   피고는 일찍이 개화에 많은 관심을 가졌다고 들었는데요, 사실입니까?

민영익   그렇소이다. 내가 이래봬도 조선 최초로 세계 일주를 한 사람이 아니겠소? 청나라와 일본은 말할 것도 없고 미국, 유럽 등 안 가 본 나라가 없었지요. 그 당시에 나처럼 세계 일주를 한 사람이 있으면 나와 보라고 해요. 그중에서도 미국에 다녀온 일은 아직도 기억이 생생하다오. 1883년에 **보빙사**로 미국을 방문했는데 그때 홍영식, 서광범, 유길준 등 쟁쟁한 개화파 인물들이 수행했어요. 내가 미국에 가서 누굴 만난 줄 아시오? 바로 미국의 아서 대통령을 만났단 말입니다. 조선과 미국 간의 친선을 도모하기 위해 그때 아서 대통령을 만나서 한글로 된 **국서**를 전달하고 조선의 전통 예절을

민영익은 온건 개화파 정치인이자 민씨 외척 정권의 주요 인물이다.

보여 주어 미국인들을 깜짝 놀라게 했지요. 그러니까 내가 바로 양
국 간의 평화를 지킨 사람이란 말이지요.

나대로 변호사　　아서 대통령은 별로 들어 보지 못한 이름이군요.

임예리 변호사　　나 변호사는 이런 자리에서 무식을 자랑하는 겁니
까? 아서 대통령은 미국의 제21대 대통령으로 1881년부터 1885년
까지 재임했던 분입니다.

나대로 변호사　　그런데 피고는 조선의 전통 예절을 보여 주어 미국
인들을 놀라게 했다고 했는데, 이 사진을 보면 아서 대통령에게 큰
절을 하고 있군요. 대통령을 왕으로 착각하고 큰절을 하는 게 조선
의 전통 예절이었나요? 대체 남의 나라 대통령에게 큰절을 한 게 무
슨 자랑거리라고…….

　　나대로 변호사의 말이 끝나자 방청석에선 피고를 비웃는 소리가
곳곳에서 들려왔다.

판사　　모두 조용히 하시고, 지금은 피고 측 변호인의 신문 시간이
니 원고 측 변호인은 끼어들지 마세요. 피고 측 변호인, 계속하세요.

임예리 변호사　　그때 미국의 발달된 문물을 보고 느낀 게 있었나요?

민영익　　물론입니다. 미국의 선진 문물을 견학했는데, 정말 대단하
더군요. 나는 미국의 교육 제도부터 우편, 전기, 농업 등 여러 분야를
시찰했어요. 미국 방문은 조선의 근대화를 이루는 데 큰 밑거름이
되었지요. 그때 보고 배운 것을 바탕으로 해서 우정총국을 세운 것

을 하나의 예로 들 수 있어요. 그러니까 나야말로 조선의 근대화에 크게 이바지한 사람이란 말입니다.

임예리 변호사 　대단하시군요. 그런데 피고가 미국에서 돌아온 뒤 개화당과 등지게 된 이유가 무엇입니까?

민영익 　개화당이 추진하려는 방식이 마음에 안 들었기 때문이라오. 그들은 조선의 현실에 맞지 않게 한꺼번에 모든 걸 바꾸려고 했어요. 그러면 당연히 많은 사람들이 반발할 게 아니오? 그래서 난 개화당에 몸담았던 걸 후회했지요. 그리고 원고인 김옥균은 일본을 근대화의 모델로 삼았는데, 이것도 불만이었어요. 강화도 조약이다 임오군란이다 해서 가뜩이나 일본에 대한 감정이 좋지 않았는데, 그런 나라를 따라 하려고 하니 얼마나 우스운 일이오? 또, 원고가 일본 관리들과 친하게 지내는 것도 꼴불견이었고요. 그때만 해도 조선인들은 일본을 하찮게 보았고 오랑캐나 마찬가지로 여겼는데, 피고가 그런 나라를 본받자고 하니 분통 터지는 일이었지요. 그래서 개화당을 뛰쳐나온 것인데 이걸 가지고 배신이라고 하면 말이 안 되지요. 정치가들에겐 영원한 적도, 영원한 동지도 없다는 걸 잘 알고 있잖습니까.

임예리 변호사 　그렇군요. 그럼 민씨 정권의 개화가 소극적이었다는 것에 대해선 어떻게 생각하십니까?

민영익 　그건 원고의 생각일 뿐이지 사실과 달라요. 민씨 정권은 온건 개화파의 도움을 받아 조선의 제도를 조금씩 바꿔 나가려고 했어요.

우정총국
우편 업무를 맡아보던 관청으로 현재 우체국의 뿌리가 됩니다. 고종 21년(1884)에 두었다가 갑신정변 이후에 없앴지요.

임예리 변호사 민씨 정권이 펼친 개화 정책에는 어떤 것이 있었나요?

민영익 명성 황후는 일본의 막강한 군사력에 충격을 받고, 김기수를 일본으로 보내 근대화의 실상을 알아보게 하셨어요. 이것이 제1차 **수신사** 파견으로, 김기수 일행은 근대화한 일본의 문물을 둘러보고 왔지요. 그다음에 김홍집 일행이 2차 수신사로 선발되어 일본에 다녀왔는데, 그때 『조선책략』을 들여왔어요. 『조선책략』이 조선의 개화에 큰 영향을 미쳤다는 건 잘 아실 테니 넘어가겠습니다. 우리 민씨 정권은 수신사를 통해 일본의 발전상을 살펴보려고 했어요. 이것은 개화를 위한 자주적인 노력이라고 할 수 있지요. 또, 수신사에 이어 조사 시찰단도 파견해 일본 정부의 군사 시설, 산업 시설, 도서관과 박물관 등을 4개월 동안 돌아보게 했습니다. 조사 시찰단이 돌아온 뒤 조선에서는 개화에 대한 여론이 한결 활발해졌지요.

임예리 변호사 민씨 정권이 개화에 관심을 가졌으며 많은 일을 추진했군요.

나대로 변호사 잠깐만요. 피고는 당시 조선인들이 일본을 얕잡아 보았다고 말하면서도 민씨 정권이 여러 사절을 보내 일본의 문물을 받아들인 것을 자랑하는군요. 원고가 일본의 도움을 받아 개혁을 추진한 것은 잘못이고 민씨 정권이 일본을 본받은 것은 잘했다고 하니 모순이 아닌가요? 남이 하면 불륜이고 내가 하면 로맨스인가요?

민영익 거 참! 개화 정책을 얘기하는 중인데 그걸 어떻게 로맨스와 불륜으로 비유를 하나? 어쨌든 내 말을 마저 하겠소이다. 당시 민씨 정권은 통리기무아문이라는 관청을 설립해 정치와 군사에 관한 일을 다스리게 하였어요. 이것은 청나라 제도를 모방한 것으로, 복잡한 행정 기관이 일원화되어 좀 더 효율적이었지요. 뿐만 아니라 대대적인 군사 개혁도 실시해서, 훈련도감, 금위영, 어영청 등의 5군영을 무위영과 장어영의 2군영으로 줄였어요. 무위영은 궁궐 수비를 지휘하고 감독하는 군대였는데, 실질적으로 수도 한성의 치안까지 담당했어요. 또 일본식 군사 제도를 받아들여 신식 군대인 **별기군**을 조직했지요. 이렇게 민씨 정권은 조선의 개화를 위해서 힘썼단 말입니다. 원고처럼 급진적인 정변을 일으키는 게 옳은 것은 아니잖소? 그러니 내가 정치적인 입장을 바꾼 것을 비난하지 마십시오.

별기군
1881년에 조직한 근대식 군대로 일본인 교관을 채용하여 근대식 군사 훈련을 시키고 사관 생도를 양성하였습니다.

온건 개화파 김홍집의 갑오개혁

김홍집은 1842년에 태어났고 1868년에 문과에 급제해 벼슬을 시작했습니다. 1880년에는 수신사로 임명되어 수행원 58명을 이끌고 일본에 다녀왔습니다. 그때 김홍집이 청나라 관리 황준헌을 만나 조선, 청나라, 일본 세 나라의 외교 정책을 다룬 『조선책략』이란 문서를 가지고 온 일은 유명합니다.

『조선책략』에는 러시아가 조선에 진출하는 것을 막기 위해 조선이 일본, 청나라, 미국과 손을 잡아야 한다는 등의 내용이 실려 있습니다. 고종은 『조선책략』의 내용이 개화사상을 일깨워 주는 올바른 방향이라고 여겨 전국의 유생들에게 반드시 읽도록 했지요. 하지만 쇄국 정책을 고집하며 사대주의에서 벗어나지 못한 유생들은 이 문서를 보고 크게 반발해서 위정척사 운동을 벌였습니다. 위정척사란 조선을 바로잡기 위해 사악한 서양 세력을 배척해야 한다는 뜻으로 개화기 때의 유생들은 이런 운동에 목숨을 걸었으며, 이는 훗날 독립운동을 하는 데 밑거름이 되기도 했습니다.

김홍집은 『조선책략』을 들여왔다는 이유로 유생들의 탄핵을 받았지만, 그 뒤에도 온건 개화파의 우두머리로 많은 활동을 펼쳤습니다. 특히 제물포 조약, 조청상민수륙무역장정, 한성 조약 등 외국과 조약을 맺을 때마다 실무 책임자로 임명되어 조선의 이익을 지키기 위해 노력했지요.

그 후 1894년에 개혁 정책을 추진하게 될 군국기무처라는 기구가 만들어지자, 김홍집이 그 최고 책임자가 되어 여러 차례에 걸쳐 개혁을 이끌었습니다. 이때의 개혁 운동을 통틀어 '갑오개혁'이라고 부릅니다.

갑오개혁을 통해 조선은 화폐 제도 개혁, 도량형 통일, 양력 사용, 과거 제도 폐지, 국가의 공식 문서에 한글 사용하기, 청나라로부터의 자주 독립, 근대적인 학교 설립 등 이전에 볼 수 없었던 놀랄 만한 변화가 시작되었습니다. 이 갑오개혁은 같은 해에 일어났던 동학 농민 운동과 10년 전에 일어났던 갑신정변 때 주장한 개혁 정책을 많이 담고 있었습니다. 그러니까 갑신정변, 동학 농민 운동이 갑오개혁을 추진하는 데 깊은 영향을 준 것입니다.

하지만 그런 사건이 없었더라도 근대화를 이룩하는 게 그 시대의 커다란 흐름이었다고 볼 수 있습니다. 마치 얼마 전만 해도 낯설고 신기하기만 했던 스마트폰이 지금 우리 사회에서 대세가 된 것과 같은 현상이지요.

그런데 갑오개혁은 조선을 지배하려는 일본의 압박을 받아 추진된 데다가, 이듬해인 1895년에는 명성 황후가 시해당하는 '을미사변'이 일어납니다. 더구나 그 무렵 남자들의 머리카락을 서양식으로 자르게 하는 '단발령' 등이 내려져 유생들뿐만 아니라 일반 백성들의 반발이 하늘을 찌를 정도였지요. 그리하여 김홍집, 어윤중 등 갑오개혁의 주역들은 성난 군중의 몰매를 맞고 숨졌습니다.

2

임오군란과
청나라의 내정 간섭

나대로 변호사　저는 이번 재판에 대비해 근대사 공부를 열심히 했습니다. 그 결과 명성 황후가 정권을 잡기 위해 개화 정책을 이용했을 뿐이라는 결론을 얻었습니다. 당시 민씨 가문은 명성 황후의 권세를 등에 업고 주요 관직을 차지했습니다. 그 예로 명성 황후는 민규호, 민겸호 등 민씨 일족을 알짜배기 관직에 앉혀 정치 권력과 군권을 장악하려고 했지요. 그리고 피고는 별기군의 감독관으로 임명되었어요. 이때부터 민씨 세도 정치가 시작됩니다.

이보다 앞선 시기에 조선은 안동 김씨와 안동 권씨의 세도 정치로 인해 국운이 크게 기울었습니다. 그걸 흥선 대원군이 뿌리 뽑았는데, 명성 황후가 흥선 대원군을 몰아내더니 다시 세도 정치를 시작한 것입니다. 그렇게 되자 관리들은 민씨 정권에게 뇌물을 바쳐 벼슬을 사고팔았으며 백성을 수탈하고 부정부패가 만연하게 되었어요. 그러니 백성들은 얼마나 기가 막혔을까요? 가뜩이나 강화도 조약으로 조선 농민들이 큰 시름에 빠졌는데 민씨 정권이 세금을 올리면서 백성들을 괴롭히니 고통이 이만저만이 아니었지요. 개화에 대한 불만과 민씨 정권에 대한 분노가 여기저기서 터져 나왔습니다. 이런 백성들의 분노를 상징적으로 보여 주는 사건이 바로 임오군란입니다.

판사 임오군란은 구식 군인들이 반란을 일으킨 사건 아닙니까?

나대로 변호사 그렇습니다만, 민씨 정권의 무능함과 부정부패를 상징하는 사건이기도 합니다. 민씨 정권은 개화 정책을 추진한다는 이유로 신식 군대인 별기군을 조직했습니다. 별기군은 전에 있던 5군영 군사 가운데 80명 정도를 뽑아 만든 정예군이었어요. 그런데 문제는, 별기군이 국가를 위한 군대가 아니라 민씨 정권을 위한 군대였다는 것입니다. 그러다 보니 별기군에 대한 대우가 좋을 수밖에 없었지요. 조정에서는 별기군에게 신식 소총을 주어 훈련을 받게 하고 봉급도 꼬박꼬박 챙겨 주었습니다. 반면에 구식 군대는 뒷전으로 밀려나게 되었지요. 별기군이 좋은 대접을 받을 때 구식 군인들은 봉급이 여러 달씩 밀려 배고픔에 시달려야 했습니다. 조정에서는 별기군의 제복을 마련한다는 등의 핑계를 대며 구식 군인들에게는 1년 동안이나 봉급을 주지 않았습니다.

판사 ▶신식 군대에 비해 구식 군인들에 대한 차별이 심했군요.

세도 정치

특정 가문이 권력을 잡고 정사를 마음대로 하는 독재 정치를 말하는데, 조선 후기에 세도 정치의 폐해가 매우 심했습니다.

교과서에는

▶ 개화 정책이 추진되는 와중에 구식 군인들은 신식 군대인 별기군에 비해 상대적으로 낮은 대우를 받고 있었지요. 급료도 많이 밀릴 정도로 말이에요.

나대로 변호사　게다가 별기군의 장교가 일본 사람이니 신식 군대에 대한 감정이 좋을 리가 없었죠. 구식 군인들의 불만은 쌓일 대로 쌓여 갔습니다. 그러다가 1882년에 드디어 일이 터지고 맙니다. 1년 만에 봉급으로 받은 쌀이 쌀이라고 하기가 민망할 정도였거든요. 부패한 벼슬아치들이 쌀을 빼돌리고는 쌀가마니에 왕겨와 모래를 섞어 놓았던 겁니다. 불난 집에 부채질한 격이죠. 1년 만에 받은 봉급에다 이런 몹쓸 짓을 하니 얼미니 어이가 없었겠습니까? 그래서 구식 군인들의 분노가 폭발한 것입니다.

판사　그다음엔 어떻게 되었습니까?

나대로 변호사　군인들은 백성들을 수탈했던 민겸호의 집으로 찾아가 민겸호가 뇌물로 받아 쌓아둔 재물을 불태워 없앴습니다. 그 뒤 처벌을 받을 게 두려워 흥선 대원군을 찾아갔습니다.

판사　그때 흥선 대원군은 명성 황후 때문에 물러난 뒤 이를 갈고 있었죠?

나대로 변호사　이를 갈았다는 표현은 좀……. 뭐 어쨌든 그때만 해도 흥선 대원군의 힘은 막강했습니다. 흥선 대원군과 명성 황후의 사이가 나쁘다는 건 모두 아실 겁니다. 흥선 대원군은 민씨 정권의 세도 정치가 불만인 데다가 일본에 대해 개항을 하자 분통이 터졌습니다. 마음이 약한 고종은 명성 황후의 말이라면 무조건 따랐습니다. 그래서 왕실의 권위를 바로 세우고 세도 정치를 뿌리 뽑았던 흥선 대원군은 고종과 명성 황후가 못마땅했습니다. 흥선 대원군은 군인들의 반란을 기회로 삼아 다시 권력을 쥐려고 했습니다. 이렇게 되니 임오군란을 일으킨 군인들은 흥선 대원군의 명령대로 척척 움직이는 반란군이 되었습니다.

판사   흥선 대원군이 나선 게 군인들에겐 큰 힘이 되었겠군요.

나대로 변호사   그렇습니다. 세도 정치에 질린 백성들은 강력한 지도력을 가진 흥선 대원군을 그리워했습니다. 군인들과 반란에 가담한 백성들은 세도 정치의 주역인 민씨 일족을 죽이고 집을 불태웠습니다. 그 결과 민겸호, 민창식 등 명성 황후의 측근 세력들이 제거되었지요. 군인들은 일본 공사관을 습격해 일본인 관리를 죽인 뒤 궁궐에 침입했습니다. 그러자 생명의 위협을 느낀 명성 황후는 궁녀의 옷으로 갈아입고 궁궐을 몰래 빠져나가서 목숨을 건질 수 있었습니다.

이처럼 임오군란은 민씨 정권의 세도 정치와 부패하고 무능한 정책에 분노한 군인과 백성들이 일으킨 역사적인 사건이라고 정리할 수 있습니다.

판사   피신한 명성 황후는 어떻게 되었습니까?

나대로 변호사   충주로 도망친 명성 황후는 고민에 빠졌습니다. 그때 조정은 흥선 대원군의 손아귀에 있었기 때문에 도움을 청할 수가 없었기에 청나라에 **영선사**로 가 있는 김윤식에게 구해 달라는 편지를 보냈습니다. 편지를 받은 김윤식은 청나라 정부에 도움을 요청했지요. 흥선 대원군은

영선사
조선 고종 당시 새로운 문화를 받아들이기 위해 톈진에 파견한 사절단을 말합니다. 김윤식을 대표로 한 사절단은 신식 무기의 제조와 사용법을 배웠지요.

흥선 대원군은 고종 황제의 친아버지로서 어린 고종을 대신하여 국정을 이끌었습니다.

위험한 인물이니 군대를 보내 군란을 진압해 달라고 한 겁니다. 이것은 자기 나라의 일을 외국 군대의 힘으로 해결하려 했던 민씨 정권의 한심한 모습을 다시 한번 보여 준 사건이었죠. 민씨 정권은 갑오년인 1894년에 농민들이 봉기했을 때에도 똑같은 짓을 되풀이했습니다.

판사 청나라가 그 요청을 받아들였습니까?

나대로 변호사 네. ▶청나라 정부는 군사 4500여 명을 조선으로 파견하면서 흥선 대원군을 체포하라는 지시를 내렸습니다. 조선에 도착한 청나라 군사들은 군란을 주도했다는 이유로 흥선 대원군을 톈진으로 납치합니다. 이렇게 하여 흥선 대원군 정권은 하루아침에 무너집니다. 또, 청나라 군대는 반란의 무리를 소탕한다며 왕십리와 이태원 근처를 습격하여 구식 군인들을 체포했습니다. 이렇게 하여 임오군란은 실패로 막을 내렸고, 명성 황후는 무사히 궁궐로 돌아왔지요. 하지만 명성 황후는 토끼를 잡으려다 호랑이를 끌어들인 격이었어요.

판사 그게 무슨 말입니까?

나대로 변호사 명성 황후가 청나라의 도움을 받아 궁으로 돌아온 만큼 그 후에는 청나라 관리가 시키는 대로 해야 했거든요. 청나라는 전통적인 조공 책봉의 관계를 벗어나 조선의 내정에 심하게 간섭하기 시작했습니다. 그 결과 민씨 정권은 청나라의 꼭두각시가 된 것입니다.

판사 조공 책봉과 조선의 내정을 간섭하는 것은 어떻게

조공 책봉
중국 주변의 작은 나라들이 해마다 중국 황제에게 예물을 바치는 것을 조공이라 하며, 왕이나 왕세자를 정할 때 중국 황제의 허락을 받는 것을 책봉이라 합니다. 이런 외교 관계는 작은 나라들이 평화를 보장받기 위해 맺어진 것이며, 이때 중국으로 보내는 사신 일행을 통해 무역(공무역)이 이루어졌습니다.

내정
나라 안의 정치를 말합니다.

교과서에는

▶ 임오군란을 계기로 흥선 대원군은 다시 정권을 잡지만, 조선에 세력을 침투시키려는 청나라가 군대를 보내 흥선 대원군을 납치해 갑니다.

속국
법적으로는 독립국이지만 실제
로는 다른 나라의 간섭을 받는
나라를 말합니다.

다른가요?

나대로 변호사　　조선은 건국한 뒤 줄곧 사대교린이라는 외교 정책을 써 왔습니다. 이것은 큰 나라인 중국을 받들며 일본 등 이웃 국가들과는 친하게 교류한다는 정책입니다. 조선은 비록 청나라를 큰 나라로 섬겨 조공과 책봉이 이루어졌지만, 독립국으로 인정받아 내정 간섭을 받지는 않았습니다. 그런데 민씨 정권 때 조선에 들어온 청나라 관리들은 무력을 앞세워 조선을 청나라의 속국처럼 대했습니다. 그래서 왕 앞에서도 오만 방자하게 굴었어요. 청나라 군사들은 조선의 아녀자들을 농락했고, 심지어 죄 없는 사람들을 마구 죽이는 일도 서슴지 않았습니다.

임예리 변호사　　청나라 군대를 불러들인 것은 조선의 평화를 위해 어쩔 수 없는 일이었습니다. 당시 일본은 임오군란 때 일본 공사관이 죽은 것을 핑계로 군함과 군인 1500명을 제물포로 보냈습니다. 조선에 보복하기 위해서였지요. 일본은 사죄와 배상금을 요구하며 무력시위를 벌였습니다. 하지만 조선은 일본에 대항할 힘이 없었습니다. 그렇기에 청나라 군대를 이용해 일본을 견제한 것입니다. 청나라 군대가 조선에 주둔해 있었기 때문에 일본은 함부로 행동할 수 없었습니다.

교과서에는

▶ 청나라의 북양 대신과 조선 왕이 대등한 지위를 가지는 것, 조선에서 청나라의 상무위원의 치외 법권이 있음 등을 약정하는 조약입니다.

나대로 변호사　　임 변호사는 나무만 보고 숲은 못 보는군요. 청나라가 조선의 내정을 간섭한 것은 명백한 사실이며, 그렇게 한 것은 조선을 속국, 그러니까 꼭두각시 나라로 만들기 위해서였습니다. ▶청나라는 민씨 정권에 압력

을 넣어 통상 조약인 '조청상민수륙무역장정'을 맺었습니
다. 이 조약에는 조선이 청나라의 속국이며 청나라 상인은
조선에서 마음대로 장사를 할 수 있다는 내용이 담겨 있
어요.

판사   조선의 처지가 불쌍하게 되었군요.

나대로 변호사   그렇습니다. 청나라 정부는 조선을 마음
대로 움직이기 위해 군사 고문인 마건충과 ▶외교 고문인
묄렌도르프를 파견해 조선을 감시하게 했습니다. 그들은
고종을 찾아가 협박을 일삼았지요. 마건충은 "조선은 청나

교과서에는

▶▶ 묄렌도르프는 독일인
으로 최초의 서양인 고문입
니다. 임오군란 이후 이홍
장의 추천을 받아 우리나라
의 외교 고문이나 해관의
총세무사로 일했지요. 조선
에서 청나라의 입장을 대변
하는 역할을 하였지만, 청
나라의 간섭이 부당하다고
느껴 갑신정변 이후에는 청
나라를 견제하기 위해 러시
아를 끌어들이기도 합니다.

방문
어떤 일을 알리기 위해 사람들이 많이 다니는 길거리에 써 붙이는 글을 말합니다.

라의 속국이다."라는 **방문**을 남대문에 붙여 놓기까지 했습니다. 하지만 민씨 정권은 이런 부당한 일을 보고도 모르는 체 했습니다. 자신들의 권력과 지위를 지키는 게 더욱 중요했기 때문이지요. 그래서 김옥균 대감은 민씨 정권에 대해 크게 실망했던 것입니다.

판사   잠시만요. 지금 묄렌도르프가 법정에 와 있다고 합니다. 묄렌도르프를 승인으로 불러 자세한 이야기를 들어 보는 것은 어떻습니까?

두 변호사가 동의하자 묄렌도르프가 증인석에 올랐다.

판사   증인은 외교 고문으로 조선에 파견되었다고 들었는데요.

묄렌도르프   맞습니다. 저는 독일에서 태어났으며 대학에서 법학과 동양어를 전공한 지식인이었습니다. 저는 독일어, 중국어, 영어의 3개 국어를 자유자재로 구사합니다. 대단하지 않습니까? 대학을 졸업한 후 청나라에 있는 독일 영사관에서 근무하면서 외교 경험을 쌓았지요. 그러다 청나라의 외교 정책에 따라 외교 고문 신분으로 조선에 오게 되었습니다.

판사   증인이 처음 조선에 왔을 때 어떤 인상을 받았습니까?

묄렌도르프   조선은 작은 나라이지만 사람들은 강

한국 조복을 입은 묄렌도르프

인하고 용감해 보였습니다. 경치도 좋고 아름다운 나라라고 생각했습니다.

판사   외교 고문으로 있었으니 당시 조선의 상황을 잘 아셨겠군요.

묄렌도르프   조선은 혼란스러운 상태였습니다. 주변 강대국들이 조선을 삼키려 했지만 전혀 대비를 하지 못했습니다. 늑대들에게 둘러싸여 곧 잡아먹히게 된 양이라고나 할까요.

판사   증인은 외교 고문으로 있으면서 주로 어떤 일을 하셨습니까?

묄렌도르프   조선은 외교 분야가 한참 뒤처져 있었습니다. 외교에 대한 지식도 별로 없고, 외교의 중요성을 모르는 것 같았습니다. 그러니 다른 나라들과 조약을 맺을 때 눈 뜨고 당하는 일이 발생하곤 했지요. 조선이 외국과 맺은 조약은 거의 다 불평등 조약이었습니다. 내가 조선의 외교 업무를 살펴보니 다른 업무와 뒤섞여 제대로 처리되지 못하는 문제점이 있었습니다. 그래서 민씨 정권의 개화 기구인 통리기무아문을 개편하여 외교부와 행정부로 나눴죠. 이렇게 외교만 담당하는 기구가 있으면 외교 문제를 처리하기가 더 쉽겠죠? 그때의 외교부는 '통리교섭통상사무아문'이라는 긴 이름으로도 불렸습니다.

임예리 변호사   이번엔 제가 질문하겠습니다. 임오군란을 계기로 청나라와 일본의 군대가 저마다 조선에 주둔하지 않았습니까? 그런데 무력 충돌이나 신경전은 없었습니까?

묄렌도르프   일본 군대가 제물포에 주둔했다는 소식은 들었습니다. 하지만 그리 신경 쓰지 않았습니다.

임예리 변호사　왜 그랬습니까?

묄렌도르프　한성에 있던 청나라 군사들이 훨씬 용맹하고 강력한데 무엇이 두려웠겠습니까? 일본은 조선에 군사를 보냈지만 호랑이 앞에 앉은 토끼처럼 얌전히 굴었습니다. 그때만 해도 일본은 성급히 군사를 움직일 형편이 아니었습니다.

임예리 변호사　그럼 청나라가 조선으로 군대를 보낸 것은 일본의 침략을 막았다는 의미도 되겠군요.

묄렌도르프　역시 예리하시군요. 만약 청나라 군대가 없었다면 일본은 맘 놓고 조선을 공격했을 겁니다. 따라서 청나라는 조선을 지키기 위해 군대를 보낸 것입니다.

임예리 변호사　답변 감사합니다. 저의 질문은 여기까지입니다.

판사　원고 측 변호인, 증인에게 질문하시겠습니까?

나대로 변호사　증인은 "묄렌도르프가 곧 조선의 왕이요, 조선 정부"라는 말을 들어 보셨습니까?

묄렌도르프　그, 그게 무슨 말이오? 그런 이상한 말은 처음 듣는데…….

나대로 변호사　당시 조선에 와 있던 외국 공사들이 한목소리로 했던 말인데 처음 듣다니요? 참 뻔뻔하십니다. 증인이 조선의 왕이라고 한 말에는 뼈가 있습니다. 그만큼 증인이 안하무인으로 행동했다는 뜻이죠. 증인은 마치 조선의 왕이 된 것처럼 조선의 내정을 간섭했습니다.

묄렌도르프　간섭이라니요? 나는 외교 고문으로서 조선을 도우려

했던 것뿐입니다.

나대로 변호사 　내가 조사한 바에 따르면 증인은 조선을 우습게 여긴 게 분명합니다. 증인뿐만 아니라 청나라 군인과 관리들도 마찬가지였고요. 그들의 만행은 이루 말할 수가 없을 정도였죠.

묄렌도르프 　나는 모르는 일입니다.

나대로 변호사 　증인은 자신의 실력을 지나치게 믿은 나머지 조선 관리들을 하인처럼 취급했습니다. 그러니 "묄렌도르프가 곧 조선의 왕"이라는 말이 나온 것입니다. 그러다가 큰 실수를 저질러 조선을 더욱 어렵게 만들었고요.

묄렌도르프 　지금 내 실력을 의심하는 것입니까? 나는 청나라 정부에서도 실력을 인정받은 몸입니다. 그러니 함부로 의심하지 마십시오. 도대체 내가 무슨 실수를 했다는 말이죠?

나대로 변호사 　증인은 명성 황후에게 조선의 경제를 발전시키려면 화폐의 액면가를 높이라고 조언한 적이 있습니다. 증인의 말을 들은 명성 황후는 **당오전**을 발행해서 재정 문제를 해결하려고 했지요. 그때 원고인 김옥균 대감은 당오전 발행을 강력하게 반대했습니다. 당오전을 발행하면 결국 백성들의 고통만 늘어난다는 이유에서였지요. 그래서 이 당오전 발행 문제를 놓고 증인과 원고가 대립한 적이 있습니다. 그렇지 않습니까?

묄렌도르프 　맞습니다.

나대로 변호사 　하지만 원고의 말은 무시되었고, 결국 당오전이 발

당오전
1883년에 만들어져서 10여 년간 유통되었던 화폐입니다.

행되었어요. 그런데 그 뒤에 어떻게 되었습니까? 화폐 가치가 떨어지고 물가가 급등해서 경제적으로 대혼란이 일어납니다. 원고의 말대로 고통 받는 것은 백성들이었습니다. 물가가 치솟자 백성들은 당오전 대신 전에 써 오던 화폐를 계속 쓰게 됩니다. 그 바람에 당오전은 땅에 묻히고 창고에 쌓이는 등 유통이 되지 않았습니다. 반면에 민씨 정권은 당오전 발행으로 엄청난 부를 얻었지요. 결국 당오전 발행은 민씨 정권의 배만 불려 주는 일이었습니다. 이처럼 잘못된 화폐 정책으로 조선 경제가 파탄이 났는데도 증인이 실수하지 않았다고 하겠습니까?

묄렌도르프　　그, 그건…….

나대로 변호사　　게다가 증인은 원고와 사이가 나빴습니다. 원고는 하루빨리 조선을 근대화시켜야 한다고 믿었습니다. 하지만 증인은 개화 정책이 청나라를 부정한다는 뜻이라며 개화당을 탄압하는 데 앞장섰지요. 그래서 원고는 일본의 도움을 받아서라도 조선을 개혁하려고 했던 것입니다.

판사　　좋습니다. 증인 신문은 여기까지 하도록 하죠. 증인은 돌아가도 좋습니다.

3

김옥균,
정변을 계획하다

판사　지금까지 임오군란이 일어난 원인과 그로 인해 청나라의 내정 간섭이 시작되었다는 것을 알아보았습니다. 나대로 변호사, 아까 청나라의 내정 간섭 때문에 갑신정변이 일어났다고 했는데요. 그 부분을 좀 더 자세하게 설명해 주십시오.

나대로 변호사　그 전에 한 가지 살펴볼 것이 있습니다. 바로 일본의 태도입니다. 일본은 임오군란 때 일본 공사가 죽었다는 이유로 조선에 책임을 물었습니다. 조선과 청나라 사이에 '조청상민수륙무역장정'이 체결되고 얼마 지나지 않아 일본은 조선에 새로운 조약 체결을 강요했습니다. ▶고종은 일본의 요구를 들어줄 수밖에 없었고, 일본과 '제물포 조약'을 맺었습니다. 제물포 조약은 임오군란 때 일

교과서에는

▶ 1882년 7월에 맺은 조약으로, 20일 안에 조선은 흉도를 체포하여 죄를 물어야 하며 그러지 못하면 일본이 처리한다는 내용, 일본 공사관에 군인을 두어 경비한다는 내용 등을 담고 있습니다.

본인이 살해당한 책임을 물어 일본이 요구한 것이므로 강화도 조약보다 훨씬 불평등한 조약일 수밖에 없었습니다.

판사   임오군란의 영향으로 청나라뿐만 아니라 일본과도 다시 조약을 맺게 되었군요. 제물포 조약에는 어떤 내용이 담겨 있습니까?

나대로 변호사   조선 정부가 임오군란 주모자들을 처벌하고 배상금 55만 원을 일본에 물어 준다는 내용이 들어 있습니다. 또, 일본 공사관을 경비한다는 이유로 일본군이 한성에 주둔하게 되었으며, 일본에 사신을 보내 사죄해야 했습니다.

판사   참으로 굴욕적인 내용이 담겼군요.

나대로 변호사   제물포 조약에 따라 원고는 사죄 사절인 박영효와 서광범, 홍영식 등의 관리를 이끌고 일본으로 갔습니다. 이때 박영효 대감이 일본으로 가는 배 안에서 태극기를 만들어 일본에서 처음으로 게양했다는 이야기는 유명하죠.

　　박영효 일행이 도착하자 일본은 뜻밖에도 조선 사신을 후하게 대접했습니다. 하지만 거기엔 다른 속셈이 있었습니다. 일본에 대해 호감을 가지게 해서 조선을 지배하겠다는 의도가 있었던 것이죠.

임예리 변호사   잠깐만요. 일본에 간 원고는 차관을 들여오려고 했습니다. 원고가 자주적인 개혁을 외쳤다면서 일본의 도움을 받으려 했다니 이상한 일 아닌가요?

나대로 변호사   차관이란 다른 나라로부터 돈을 빌려 오는 일을 말합니다. 그때 조선의 민씨 정권은 나라를 망칠 정도로 빚이 많았고 그래서 아무 일도 할 수 없었습니다. 그래서 원고는 조선의 개혁을

위해 국왕의 명령을 받아 차관을 얻으려 했던 것입니다.

임예리 변호사   하지만 그때 얻으려던 차관이 300만 원이나 되는
큰 액수라는 게 문제였죠. 일본의 외무대신 이노우에는 원고에게
고종의 위임장을 가져오면 300만 원을 빌려 준다고 약속했습니다.
300만 원이면 그때로선 매우 큰돈이었습니다. 그런데 일본이 이런
거액을 아무런 조건 없이 빌려 준다는 게 이상하지 않습니까?

나대로 변호사   뭐가 이상하다는 거죠? 조선의 경제 사정이 너무
어려워 개혁을 하려면 그 정도는 필요했습니다.

임예리 변호사　원고는 그때 중요한 문제를 놓쳤습니다. 일본이 그처럼 거액을 선뜻 빌려 주겠다고 한 의도가 무엇이었을까요? 더구나 일본은 차관을 빌려 준다고 했지만 그것은 말뿐이었습니다. 일본의 속셈은 개화당을 돕는 척하다가 조선을 침략하려는 것이었습니다. 그런데 원고는 일본이 던진 미끼를 덥석 문 것이죠.

김옥균　그건 내가 대답하겠소. 전에 말한 것처럼 나는 팔방미인이란 소리를 들을 정도로 천재적인 두뇌를 가졌소이다. 그런 내가 일본의 미끼를 물다니, 내가 무슨 물고기라도 된단 말이오? 당시 나는 조선을 하루빨리 개혁해야 한다는 생각 때문에 일본의 야심을 알아차리지 못했을 뿐이오. 하지만 나는 그 돈을 얻어 조선의 발전을 위해 쓰려고 했어요. 그런 목적으로 일본에 머물 때에도 신문 발행, 출판과 인쇄, 근대적인 우편 업무를 견학했지요.

임예리 변호사　하지만 받는 게 있으면 주는 것도 있어야겠죠? 일본은 겉으로는 친절을 베푸는 체했지만 속으로는 조선을 지배하려고 했습니다. 원고에게 차관을 제공하겠다는 것도 그런 이유가 있었던 겁니다. 그걸 모르셨나요?

김옥균　현재의 눈으로 과거를 돌이켜보면 그렇게 볼 수도 있겠지만, 내겐 조선을 개혁하는 일이 시급했어요. 그러니 너무 몰아붙이지 마시오.

임예리 변호사　이건 나중의 일이지만, 일본이 강제로 차관을 쓰게 해서 조선이 일본에 진 빚이 1300만 원이나 되었습니다. 일본이 차관을 끌어 쓰게 한 것은 조선을 식민지로 만들기 위해서였지요. 조선은 빚을 갚지 못해 농경지를 일본에 빼앗기는 어처구니 없는 상황까지 벌어지고, 결국 일제 강점기로 들어섰지요. 제가 말하고 싶은 것은, 일본의 침략 야욕을 알아채지 못하고 차관을 빌리려고 한 원고의 행동이 잘못이란 겁니다.

나대로 변호사 방금 원고가 말씀하신 것처럼, 1883년 무렵 일본의 도움이라도 받아 개혁을 추진하려 했던 원고의 심정을 헤아려 주시기 바랍니다.

원고가 일본에서 돌아왔을 때는 청나라와 손을 잡은 민씨 정권이 권력을 독점하고 있었습니다. 박영효 대감은 귀국한 후 한성 판윤으로 임명되었습니다. 한성 판윤은 지금의 서울 시장으로 꽤 높은 벼슬입니다. 그런데 석 달도 지나지 않아 광주 유수로 좌천되지요. 개화 정책에 거부감을 갖고 개화당을 배척하는 수구 세력 때문이었습니다. 이렇게 개화당을 박대하는 청나라와 민씨 정권이 있는 한 조선의 개혁은 불가능했습니다.

판사 그렇다면 원고는 그때 무슨 일을 했습니까?

나대로 변호사 원고는 먼저 조선 최초의 근대식 신문을 발행하려고 했습니다. 그 무렵 청나라와 일본에서는 오늘날처럼 신문을 발행해 새로운 소식을 널리 알리고 있었죠. 원고는 개화사상을 널리 알리고 근대화를 이루기 위해 신문 발행이 꼭 필요하다고 여겼습니다. 그래서 왕을 설득한 끝에 국가에서 운영하는 출판 기관인 박문국을 만들었지요. 박문국에는 사무실, 인쇄소 등의 시설이 갖춰졌습니다.

광주 유수
경기도 광주 지역의 수령입니다. 조선 시대에는 개성, 강화, 광주, 수원 등 군사적으로 중요한 고을을 '군'보다 높은 '유수부'로 불렀습니다. 그리고 그 고을의 수령을 유수라고 불렀는데, 한성 판윤과 광주 유수와 수원 유수는 정2품, 나머지 유수는 종2품에 해당되었습니다. 박영효가 맡은 광주 유수는 한성 판윤과 같은 품계이지만 한성 변두리 지역을 맡게 된 것이므로 벼슬이 낮아진 것과 마찬가지였습니다.

좌천
낮은 벼슬 또는 지위로 떨어지거나 외직으로 전근되는 것을 말합니다.

위임장

다른 사람에게 대리권을 줄 것을 약속하는 문서입니다.

수구파

정치나 경제 등에서 변화를 원하지 않고 기존의 것을 따르려는 집단입니다.

그리하여 1883년에 『한성순보』를 창간했습니다. 『한성순보』는 우리나라 최초의 근대식 신문이었으니 역사적인 일이었지요. 여기서 '순보'란 열흘에 한 번씩 발행되는 신문을 말합니다. 『한성순보』는 조정의 일을 비롯해 세계 각국의 다양한 소식을 전했습니다. 그리고 개화가 왜 필요한지 독자들에게 알리는 역할을 했어요.

판사   원고가 조선 최초의 근대식 신문을 만들었다니 놀랍습니다.

나대로 변호사   하지만 민씨 정권은 원고를 철저히 무시했습니다. 그들은 원고가 일본에서 쌓은 견문과 능력을 모른 체했지요. 그래서 원고는 자신의 능력을 보여 주기 위해서라도 차관을 끌어와 조선을 개혁하려고 합니다. 원고는 고종에게 이노우에와 한 약속을 이야기하며 위임장을 써 달라고 했습니다. 설득 끝에 고종의 위임장을 받아 낸 원고는 새로운 희망을 갖고 다시 일본으로 향합니다. 그때까지 원고는 위임장을 둘러싸고 음모가 진행되고 있다는 것을 꿈에도 몰랐지요.

판사   점점 재미있어지는군요. 누가 음모를 꾸몄단 말입니까?

나대로 변호사   원고가 고종의 위임장을 받았다는 사실을 알게 된 묄렌도르프입니다. 만약 원고가 차관을 얻는 데 성공하면 그 자금으로 개화를 추진할 것이고, 그렇게 되면 묄렌도르프와 수구파의 체면이 깎일 게 분명했던 것이죠. 그러자 그들은 일본 공사로서 조선에 와 있던 다케조에 신이치로에게 원고가 일본으로 가져가는 고종의 위임장은 가짜라고 거짓말을 합니다. 일본 정부는 전보로 그런 이야

기를 전해 듣고는, 위임장이 가짜라는 이유를 들어 차관을 내주지
않았습니다.

판사   믿는 도끼에 발등을 찍혔군요.

나대로 변호사   뜻밖의 장벽에 부딪힌 원고는 다른 방법을 찾아보
았습니다. 미국에서 차관을 얻어 보려고 했지만 그 계획도 이루어지
지 않았어요. 이렇게 일본의 배신으로 차관 도입이 실패로 끝나자,
원고는 빈손으로 귀국할 수밖에 없었지요. 그러자 민씨 정권과 수구

신변
몸과 몸의 주위를 뜻하며, 비슷한
말로 신상, 일신 등이 있습니다.

거사
큰일을 일으킨다는 뜻입니다.

파 대신들은 원고에게 책임을 물으며 궁지로 몰았습니다. 수구파 대신들 사이에서는 원고를 죽여야 한다는 말까지 나올 정도였지요.

판사 수구파의 압력이 대단했군요. 원고는 **신변**의 위협을 느꼈겠습니다.

나대로 변호사 네. 이런 상황에서 원고가 무슨 일을 할 수 있었겠습니까? 원고는 이왕 이렇게 된 거 다 뒤집어엎고 새로운 정부를 만들자고 결심했습니다. 원고는 개화당 동지와 비밀리에 모여 혁명을 일으키기로 뜻을 모았습니다. 마침 청나라가 프랑스와 전쟁을 벌여 조선에 있던 군사 3000명 중 1500명이 청나라로 돌아갔습니다. 이것은 개화당에는 절호의 기회였습니다. 청나라 군사가 절반으로 줄었으니 그만큼 거사가 성공할 확률이 높아졌기 때문이죠. 원고는 청나라 군사들을 상대하기 위해서는 일본의 힘이 필요하다고 생각했습니다. 그래서 일본 공사 다케조에 신이치로를 만나 협력해 줄 것을 부탁합니다. 다케조에 신이치로는 지난번 차관 교섭 때의 일을 사과하면서 이번 **거사**에 적극적으로 힘을 보태겠다고 다짐을 하지요.

판사 다케조에 신이치로는 왜 그렇게 적극적으로 나선 걸까요?

임예리 변호사 여기서도 일본의 이중성이 드러납니다. 일본은 청나라가 전쟁하는 틈을 타서 조선을 침략하려고 했습니다. 개화당은 조선을 새 나라로 개혁하려고 한 반면, 일본은 개화당을 이용해 조선을 지배할 속셈이었어요. 다시 말해, 원고는 일본을 이용하려 했고 일본은 원고를 이용하려 했던 것이죠.

왜 갑신정변은 삼일천하로 끝났을까?

나대로 변호사 하지만 원고가 전적으로 일본에 의존한 것은 아니었습니다. 아무튼 거사는 차츰 준비되었습니다. 거사일은 갑신년인 1884년 음력 10월 17일로 정했는데, 그날은 우정총국 축하연이 계획된 날이었어요. 갑신정변은 갑신년에 일어난 정변이라고 해서 붙여진 이름이에요. 그리고 우정총국 축하연을 선택한 건, 그때 수구파 인물들이 대부분 참석할 거라고 예상했기 때문이지요. 그들을 한꺼번에 없앤 뒤에 궁궐로 들어가 새로운 정부를 만들려고 했습니다. 이것이 원고가 계획한 혁명이었습니다.

판사 오늘은 갑신정변이 일어나기 전 조선의 상황과 원고가 갑신정변을 일으키게 된 배경을 살펴보았습니다. 다음 재판에서는 본격적으로 갑신정변이 어떤 사건인지 파헤쳐 보도록 합시다. 이것으로 오늘 재판을 마치겠습니다.

땅, 땅, 땅!

민 왕후와 명성 황후

　고종의 비였던 명성 황후는 조선 말기의 정치를 주름잡았던 여걸이었습니다. 명분으로 손꼽히던 여흥 민씨 가문에서 1851년에 태어난 명성 황후는, 어려서 부모를 잃고 고아가 되었지만 총명한 데다가 책을 많이 읽어 지식이 풍부했습니다. 열여섯 살 되던 해에 왕이던 고종과 결혼했는데, 그때 흥선 대원군은 왕실 외척의 세도 정치를 막기 위해 명문가 출신이면서도 고아였던 명성 황후를 며느리로 선택했던 것입니다.

　하지만 고종과 후궁 이씨 사이에서 태어난 완화군을 대원군이 아끼고 또 명성 황후가 낳은 첫째 왕자가 불치병으로 며칠 만에 숨지자, 명성 황후는 시아버지인 흥선 대원군을 의심했고 그때부터 두 사람 사이는 앙숙이 되었습니다. 명성 황후는 궁중에서 외롭게 지내면서도 책을 손에서 놓지 않았는데, 그중 역사책과 외교 관계를 다룬 책을 특히 좋아했다고 합니다.

　그런 독서의 힘은 흥선 대원군을 몰아낸 뒤 명성 황후가 정치를 하면서부터 드러나기 시작했습니다. 조선이 일본을 비롯해 서양 각국과 외교 관계를 맺게 된 것도 명성 황후가 개화사상과 외교에 관심이 많았기 때문이었습니다. 하지만 흥선 대원군을 몰아낸 후 친정 식구들을 조정의 고위 관료로 끌어들여 민씨 세도 정치를 시작하면서 명성 황후는 민심을 잃게 되었습니다. 임오군란, 갑신정변 등은 명성 황후와 민씨 정권에 대한 반발을 상징하는 역사적인 사건이었습니다.

갑신정변 후 명성 황후는 청나라, 러시아, 미국 등과 더욱 가깝게 지내면서 일본 세력을 배척하는 정책을 펴 나갔습니다. 그러자 일본은 명성 황후를 큰 걸림돌로 여겨 마침내 경복궁으로 침입해 명성 황후를 잔인하게 시해했습니다. 이 사건을 '을미사변'이라고 부르지요. 이때 고종은 러시아 공사관으로 피신(아관 파천)했다가 1897년에 경운궁(덕수궁)으로 돌아와 국호를 조선에서 대한 제국으로 바꾸고 황제가 됩니다. 그리고 죽은 왕비의 이름도 높여서 그때부터 '명성 황후'로 부르게 되었습니다.

그동안 사람들은 명성 황후를 민비, 민 왕후, 명성 황후 등으로 불러 왔습니다. 여기서 민비는 민씨 성을 가진 왕비라는 뜻인데, 이는 명성 황후가 민씨 세도 정권의 우두머리이며 청나라에 사대했다는 걸 비판하는 의도에서 쓰기 시작했습니다. 그리고 민 왕후는 민비와 명성 황후 사이의 중립적인 호칭이라고 볼 수 있습니다. 오늘날에는 드라마, 뮤지컬 등의 영향으로 명성 황후라는 호칭이 일반적으로 사용되고 있습니다.

다일지 기자

    드디어 역사공화국의 뜨거운 감자가 된 갑신정변 첫 번째 재판이 끝났습니다. 이번 재판은 조선 후기의 실패한 혁명가로 평가받고 있는 김옥균 대감이, 같은 개화당에 속했던 민영익 대감을 고소한 사건입니다. 민영익 대감은 조선 최초로 세계 일주를 한 분이기도 하지요. 개화사상에 뜻이 있었던 민영익 대감과 김옥균 대감이 대립하게 된 사연은 무엇일까요? 마침 법정을 나서는 원고 김옥균 대감과 피고 측 증인이었던 묄렌도르프 선생이 보이는군요. 그럼 먼저 오늘 재판에 대해 원고의 소감을 들어 보겠습니다.

김옥균

여러분, 반가워요. 저, 김옥균은 이번 재판을 지켜보면서 진실은 반드시 승리한다는 걸 다시 한번 느꼈습니다. 내가 볼 때 역사공화국의 변호사들은 돈과 권력이 많은 사람들, 그래서 아무리 큰 잘못을 저질러도 재판에서는 반드시 승리할 가능성이 있는 사람들만 변호하는 것 같습니다. 역사공화국 변호사 여러분! 그러면 못써요. 당신들이 모두 내 변호를 사양하는 바람에 역사라곤 쥐뿔도 모르는 나대로 변호사를 선임하게 되었습니다. 하지만 오늘 재판에서 보니 나대로 변호사가 뜻밖에 선전하더군요. 아무튼 지난번 신문 보도를 보신 분들은 이 김옥균이 일본의 도움을 받아 권력을 차지하려고 갑신정변을 일으켰다, 그러니까 김옥균은 친일파다, 뭐 이렇게 생각하신 것 같은데, 차츰 진실이 밝혀지고 있지 않습니까? 아마 이번 재판이 모두 끝나면 이 김옥균의 애국심과 충성심을 분명히 알게 될 것입니다. 여러분, 사랑합니다.

묄렌도르프

난 본래 독일인이라 중립적인 입장에서 말하 겠어요. 내 생각엔 피고인 민영익 대감에겐 아무 런 죄도 없습니다. 그러니까 원고 패소 판결이 나는 게 당연하지요. 원고는 자기 입으로 천재라느니 팔방미 인이었다느니 자랑하지만 사실은 문제가 많은 사람입니다. 더구나 오 늘 재판에서도 나온 이야기이지만, 원고는 일본을 여러 차례 드나들면 서 일본의 정치가와 사상가들의 영향을 많이 받았어요. 일본 정부가 괜히 원고에게 차관을 제공하겠다고 한 게 아니거든요. 그러니까 원고 가 정변을 일으킨 것은 민씨 정권을 뒤집어엎고 대신 권력을 차지하려 는 야망 때문이었고, 그런 과정에서 일본의 도움을 많이 받았으니 친 일파라 비판받는 것입니다. 원고가 친일파가 아니었다면 왜 일본으로 망명하려고 했을까요? 만약 원고가 이 부분을 확실히 해명하지 못한 다면 친일파라는 딱지는 절대로 떨어지지 않을 겁니다.

여러분! 저도 사랑합니다.

구한말에는
어떤 우표를 썼을까요?

문위 보통우표

근대 우편 업무가 개시된 1884년 11월 18일에 5문과 10문 2종의 우표가 발행됩니다. 바로 우리나라 최초의 우표가 나온 것이지요. 당시 우표의 액면 화폐단위가 '문(文)'이었기 때문에 사람들이 '문위우표'라고 불렀습니다. 하지만 우정 사업을 시작한 지 얼마 되지 않아 우정총국 개국 축하연에서 갑신정변이 벌어지고, 이것의 실패로 개화파가 몰락하면서 그들의 개혁 사업 중 하나인 신식 우편제도도 폐지됨에 따라, 불과 20여 일 만에 문위우표는 끝을 맺게 되지요. 일본 대장성 인쇄국에서 인쇄했으며, 우표 중앙에 도안화된 태극무늬가 들어 있습니다.

대한 가쇄 보통우표

1897년 10월 14일에 발행되었습니다. 그 이틀 전인 10월 12일에 국호가 '대조선국'에서 '대한 제국'으로 바뀌어 당시 사용하고 있던 태극 보통우표를 그대로 쓸 수가 없었지요. 새로운 국호가 인쇄된 우표가 나올 때까지 사용하기 위해 기존 우표에 다시 인쇄 즉 가쇄를 하게 됩니다. 이것이 '대한 가쇄 보통우표'입니다. 자세히 보면 '조선' 위에 붉은색이나 검은색으로 '대한'이란 문자를 가쇄한 것을 알 수 있지요. 총 4종이 만들어진 대한 가쇄 보통우표에는 대한 보통우표처럼 'KOREA'라는 영문 국호와 태극기가 새겨져 있습니다.

고종 황제 어극40년 경축 기념우표

왕이 될 사람이 예식을 치른 뒤 왕좌에 오르는 것을 '어극'이라고 하는데, 고종 황제 어극40년 경축 기념우표는 조선의 26대 왕인 고종 황제의 어극40년과 육순을 기념하기 위하여 만들어진 것입니다. 중앙에 고종 황제를 상징하는 왕관이 그려져 있고, 그 주위를 배꽃 즉 이화가 장식하고 있습니다. 1902년 10월 18일에 단 1종만 발행되었으며, 우리나라 최초의 기념우표이기도 합니다. 우편에 인쇄된 액면 가격을 보면 3전이었던 것을 알 수 있습니다.

이화 보통우표

우리나라 최초로 국내에서 인쇄된 우표로, 대한제
국 농상공부 인쇄국에서 인쇄되었습니다. 우표에
태극무늬가 그려진 것과 '대한 제국 우표'라고 적
힌 것이 눈에 띕니다. 1900년 1월 1일 대한 제국
이 만국우편연합에 가입함으로써 국제 우편 교류
가 시작되었지요. 이로 인해 다양한 우표가 필요
해졌고, 여러 종의 우표가 발행되었습니다. 우표
를 만들기 위해 대한 제국 농상공부에서는 독일
과 석판인쇄 시설 설치를 계약하고 일본에서 조각
사와 인쇄 기술사를 초빙하기도 했습니다. 이렇게
제작된 이화 보통우표는 액면 가격도 그림도 다양
한 것이 특징입니다.

독수리 보통우표

1903년 10월 1일에 발행된 우표로, 우리나라 우
체 고문으로 와 있던 프랑스인 클레망쉐의 권유로
만들어진 것입니다. 프랑스 정부 인쇄국에서 철판
으로 인쇄하였지요. 이 우표는 당시 통용되던 우
표보다 크기가 컸기 때문에 대형보통이라고 불리
었습니다. 총 13종의 색깔로 인쇄되었으며, 지구
와 검을 든 독수리의 모양이 우표의 가운데에 위
치하고 있습니다. 당시 이 우표의 액면 가격은 2원
이었지요.

출처: 우정사업본부 우표박물관(www.kstamp.go.kr/kstampworld)

갑신정변은
어떻게 일어났을까?

1. 우정총국에서는 무슨 일이 일어났을까?
2. 개화당의 보호를 받게 된 고종과 명성 황후
3. 혁신 정강은 어떤 내용을 담고 있었을까?

1

우정총국에서는
무슨 일이 일어났을까?

판사　오늘은 갑신정변이 어떻게 일어났는지 알아보는 두 번째 재판일입니다. 먼저 원고 측부터 진술하세요.

나대로 변호사　▶우정총국 축하연이 열리는 날, 원고는 모든 준비를 끝내고 우정총국으로 갔습니다. 축하연을 주최하는 사람은 우정총국 총판인 홍영식 대감이었습니다. 홍영식 대감은 개화당 지도자 중 한 사람으로 그날 원고를 도와 갑신정변을 일으킨 주역이지요. 축하연은 저녁 6시에 시작되었는데, 그 연회에 참석한 사람은 각국 공사를 비롯해 모두 19명이었습니다. 이 중 원고가 없애려고 한 사람은 피고와 이조연, 한규직, 윤태준 등이었습니다. 이들은 수구파의 우두머리로 개화파를 탄압하는 데 앞장섰던 사람들입니다. 갑신정변이 일어나던 날의 사정을 자세히 알아보기 위해 당시 우정총국 총판이었던 홍영식 대감을 증인으로 신청합니다.

판사 증인 신청을 허락합니다. 증인은 나와서 선서하세요.

홍영식 나 홍영식은 진실만을 말할 것을 맹세합니다.

나대로 변호사 몇 가지 질문을 드리겠습니다. 그날 우정총국 축하연의 분위기는 어땠습니까?

한국 근대 우편과 통신의 창시자 홍영식

홍영식 우정총국 행사장에는 넓은 탁자가 있었고 손님들은 거기에 앉아서 연회를 즐겼습니다. 나는 우정총국 총판이자 행사를 주관하는 사람이라서 테이블 정중앙에 자리를 잡았어요. 그래서 수구파들의 행동을 낱낱이 감시할 수 있었지요. 그들이 혁명의 낌새를 채고 돌발 행동을 한다면 큰 낭패가 아니겠소?

나대로 변호사 특별히 수상한 점은 없었나요?

홍영식 윤태준이 궁궐 당직이라 축하연에 참석하지 않은 것을 빼면 이상한 점은 없었어요. 원래 윤태준도 축하연에서 없애려고 했는데, 나중에 따로 처리하기로 하고 신경 쓰지 않았지요.

나대로 변호사 당시의 긴박했던 상황을 기억나는 대로 말씀해 주시겠습니까?

홍영식 김옥균 대감 옆에 시마무라 일본 서기관이 앉았는데, 그는 갑신정변을 돕기로 한 사람이었어요. 개화당과 일본 측에선 미리

'하늘'과 '요로시'라는 암호를 정해 놓았지요. '요로시'는 일본 말로 좋다는 뜻입니다. 김옥균 대감이 '하늘'이라고 말하면 시마무라가 '요로시'라고 신호를 보내기로 했던 것이죠. 거사는 별궁에 불을 지르는 것으로 시작되었어요. 별궁에 불이 나면 우정총국에 있던 수구파 대신들이 불을 끄러 별궁으로 뛰어갈 테니, 그때 미리 숨어 있던 개화당 자객이 수구파 대신을 없애기로 했던 겁니다.

니대로 변호사 그러니까 별궁 회재는 거사의 시작을 알리는 신호였군요.

홍영식 맞아요. 나와 개화당 동지들은 입술이 바짝바짝 마를 정도로 긴장하며 그 신호를 기다렸지요. 사소한 실수만 있어도 모든 일이 물거품이 될 테니 만전에 만전을 기해야 했어요. 그런데 별궁에 불을 지르자던 계획은 실패하고 말았어요. 그걸 알게 된 원고는 급히 우정총국 근처의 민가에라도 불을 지르라고 지시했지요. ▶얼마 후 우정총국 주변에서 불이 나자 사람들은 우왕좌왕하기 시작했어요. 그때 밖에 나갔던 피고 민영익이 피를 흘리며 우정총국 안으로 뛰어들어왔어요. 자객의 습격을 받은 것이죠. 그 모습을 본 묄렌도르프와 미국 공사 푸트가 바로 피고를 부축해 응급 처치를 해 주었어요. 축하연 자리는 순식간에 아수라장이 되었지요. 원래 계획대로라면 저 민영익이란 자는 그때 죽었을 텐데 운이 좋았지요.

교과서에는

▶ 연회가 거의 끝나 가는 10시경이 되자 밖에서 불이 났다는 고함 소리가 들려왔습니다.

그러자 민영익이 삿대질을 하며 노발대발하였다.

민영익　뭐라고, 이놈? 뚫린 입이라고 함부로 지껄이는 거냐?

판사　피고, 진정하세요. 여기는 법정입니다. 욕설이나 큰 소리를 내면 법정 모독죄에 해당하고 피고에게 불리한 판결이 날 수 있습니다.

　그 말을 들은 임예리 변호사가 피고를 말렸지만 소용이 없었다. 피고는 분이 안 풀린 듯 홍영식을 계속 노려보았다.

나대로 변호사　피고께서 많이 흥분하셨나 봅니다. 그럼 다시 질문을 이어 가도록 하겠습니다. 다른 수구파 대신들은 어떻게 되었습니까?

홍영식   그날 밤 윤태준, 이조연, 한규직, 민영목, 조영하, 민태호 등이 살해당했습니다. 그들은 모두 왕의 눈과 귀를 가려 나라를 망치는 자들이었어요. 그런 간신배들이 없어져야 나라의 기강이 바로 서고 부강해지지요.

임예리 변호사   판사님, 이번엔 세가 질문해도 될까요?

판사   허락합니다.

임예리 변호사   증인은 무력을 이용해 반대파 대신들을 제거한 것이 잘한 일이라 생각하십니까? 여기 민영익 대감을 좀 보세요. 그날 칼에 맞은 상처가 아직까지 남아 있잖아요. 그리고 평생을 악몽에 시달리며 지내셨다고 합니다. 이 모두가 갑신정변 때 원고와 증인 등의 공격을 받았기 때문입니다. 그런데도 증인은 죄책감이 들지 않나요?

홍영식   저 사람이 힘없는 백성들과 우리 개화당을 배신하고 탄압한 일에 비하면 조족지혈, 다시 말해 새 발의 피라 할 수 있지요.

민영익은 더 이상 못 들어 주겠다는 표정이었다.

민영익   이봐! 내 얼굴의 이 흉터를 좀 봐라! 잘생긴 내 얼굴에 이런 흉터를 남겨 놓다니⋯⋯. 거울을 볼 때마다 얼마나 속상한지 말도 못 해. 내가 이번 재판에서 이기면 너희들한테 치료비를 왕창 청구할 테니 각오해라.

홍영식　건방진 말투나 욱하는 성격은 130년 전이나 지금이나 변함이 없구나. 에라, 이 배신자야!

민영익　으악! 요즘 말로 기가 막히고 코가 막힌다. 내 저 자를…….

　피고 민영익이 자리에서 벌떡 일어서자 임예리 변호사가 재빨리 말렸다. 그리고 증인 신문을 계속했다.

임예리 변호사　잘 알겠습니다. 증인께선 마땅히 해야 할 일을 했다는 말씀이네요. 그런데 꼭 반대파를 제거할 필요가 있었을까요? 역사를 보아도 피로 얼룩진 혁명은 안 좋게 끝나는 경우가 많은데요. 그리고 더 중요한 사실은, 성공한 혁명은 처벌할 수 없지만 실패한 혁명은 반역으로 평가되는 게 역사의 법칙이죠. 안 그런가요?

홍영식　뭐, 역사의 법칙은 아니겠지만 그렇게 되는 건 맞아요. 갑신정변도 성공했더라면 정변이 아니라 혁명이라 불렸을 테고 그 주역들은 모두 역사의 영웅으로 기록되었겠지요. 그런데 우린 능지처참을 당한 것으로도 모자라 지금까지 명예를 훼손당하고 있습니다. 원고인 김옥균 대감이 피고를 고소한 것도 그런 이유 때문이지요. 그리고 예나 지금이나 정치의 세계는 복잡한 거라오. 나도 평화를 사랑하는 사람이지만, 무력을 쓸 수밖에 없는 상황을 만든 민씨 정권과 청나라의 잘못이 더 큰 거 아닙니까? 대의를 위해서는 어느 정

능지처참
대역죄를 저지른 사람에게 내려진 최고의 형벌로, 죄인을 죽인 뒤 시신의 머리, 몸, 팔, 다리를 토막 쳐서 각지에 돌려 보이는 형벌입니다. 김옥균도 이런 형벌을 받아 여러 곳에 무덤이 만들어졌습니다.

도 희생이 따르는 법이라는 걸 이해해 주시기 바라오.

임예리 변호사   이상으로 반대 신문을 마칩니다.

판사   원고 측 변호인의 질문이 없으면 증인은 퇴장해도 좋습니다.

왜 갑신정변은 삼일천하로 끝났을까?

2

개화당의 보호를 받게 된
고종과 명성 황후

임예리 변호사   판사님, 이번엔 제가 원고를 신문하도록 해 주세요.

판사   좋습니다. 원고는 피고 측 변호인의 질문에 거짓 없이 대답하세요.

김옥균   물론입니다. 오래전에 죽어 영혼만 남았는데 무슨 거짓을 말하겠습니까?

임예리 변호사   감사합니다. 그럼 원고에게 묻겠습니다. 우정총국 축하연에서 불을 지른 다음의 계획은 무엇이었습니까?

김옥균   먼저 궁궐을 장악하고 전하와 중전마마를 개화당의 보호 아래 두려고 했습니다. 그래서 나는 박영효, 서광범 대감과 함께 아수라장이 된 우정총국을 몰래 빠져나와 곧장 일본 공사관으로 달려갔어요. 혹시 일본이 방침을 바꾸진 않았는지 확인하기 위해서였지요. 얼마 후 일본 군사들이 출동한 것을 확인하고서야 전하와 중전이 계신 창덕궁으로 향했소이다.

임예리 변호사 잠깐만요. 정변을 일으키면서 왕과 왕비를 보호하려 했다니 이해할 수 없군요. 왕과 왕비를 인질로 삼으려 했다는 게 옳은 말 아닌가요?

김옥균 참, 순진한 질문을 하는군요. 정치 혁명을 성공시키려면 최고 권력자를 우리 뜻대로 움직여야 하는 것 아니겠소? 뭘 그런 걸 다 물어요?

임예리 변호사 좋습니다. 그러니까 원고는 왕과 왕비를 인질로 삼았다는 걸 인정하시는군요. 그런데 궁궐 경비가 삼엄하지는 않았나요?

김옥균 창덕궁 금오문이 굳게 잠겨 있었어요. 금오문은 창덕궁의 서쪽 문을 말하는데, 그곳을 지나야 창덕궁으로 들어갈 수 있었지요. 하지만 수문장에게 미리 지시해 둔 덕분에 우린 쉽게 창덕궁으로 들어갈 수 있었어요. 40여 명의 군사들을 문밖에서 지키게 하고, 나는 박영효, 서광범 대감과 함께 전하가 계시는 침전으로 올라갔다오. ▶그때 전하와 중전께서는 우정총국에서 일어난 일을 전혀 모르고 계셨지요. 그래서 나는 우정총국 축하연에서 일어난 일을 아뢴 뒤, 사태가 위급하니 빨리 다른 곳으로 피신하시라고 청했어요.

임예리 변호사 왕과 왕비의 의심을 살 수도 있었을 텐데요.

김옥균 상황이 워낙 급하다 보니 내 말을 의심할 틈이

없었을 겁니다.

임예리 변호사   그때 원고는 두 분께 뭐라고 말했습니까?

김옥균   궁궐 밖에서 무슨 일이 생겼는지 자세히 알아보고 있는 중이니 일단 피하시라고 말했어요.

임예리 변호사   신하가 왕을 속이고 거짓말을 하다니 참으로 뻔뻔스럽습니다.

김옥균   어쩔 수 없었어요. 만약 중전께서 정변 사실을 알게 된다면 우리 개화당이 큰 타격을 입을 수도 있는 상황이었으니까요.

임예리 변호사 　 아무리 그렇다 해도 왕을 속이다니요? 양심이 없군요.

김옥균 　 만약 임 변호사가 무슨 일을 하다가 발등에 불이 떨어졌다고 칩시다. 그럴 때 119나 병원 응급실에 전화해서 어떻게 해야 할지 묻는 것과, 먼저 불을 끄고 응급 처치를 한 뒤 병원으로 달려가는 두 가지 방법이 있다면 어떤 걸 택하겠소?

임예리 변호사 　 당연히 먼저 불을 끄고 응급 처치를 하겠죠. 하지만 발등에 불이 떨어진 것과 원고가 정변을 일으킨 상황이 같은가요?

김옥균 　 임 변호사는 다르다고 주장하고 싶겠지만 내겐 똑같은 상황이었소. 이제 그 사정이 이해가 됩니까?

임예리 변호사 　 하지만 원고가 개화라는 이름으로 저지른 일들을 보십시오. 원고는 반대파를 죽이고 왕을 속여 인질로 삼았습니다. 이래도 양심의 가책이 느껴지지 않습니까?

김옥균 　 아니요. 나는 옳은 일을 했다고 생각하오.

임예리 변호사 　 말이 안 통하는군요. 판사님, 그때의 사정을 자세히 알기 위해 명성 황후를 증인으로 신청합니다.

판사 　 좋습니다.

곧이어 명성 황후가 법정에 모습을 드러내자 방청석이 술렁거렸다. 명성 황후의 빼어난 미모와 화려한 옷차림 때문에 법정 안이 환해졌다. 명성 황후는 우아하게 증인석에 앉아 선서를 마쳤다.

임예리 변호사 증인께서는 갑신정변이 일어나던 날 원고에게 어떤 대접을 받으셨습니까?

명성 황후 김옥균이 날 무섭게 노려보며 협박했어요. 아직도 그날을 떠올리면 몸서리가 쳐져요.

임예리 변호사 원고는 왕과 왕비가 주무시던 침전에 함부로 들어갔지요?

명성 황후 그랬지요. 그러더니 뻔뻔하게도 전하와 내게 "궁궐 밖에서 큰일이 났으니 어서 피하십시오." 하는 게 아니겠어요. 내가 무슨 일이냐고 묻자, 자기도 자세한 내용을 모르니 알아보겠다고 하더군요. 세상에, 자기가 일을 꾸며 놓고는 모른다고 하다니, 얼마나 무례하고 얼굴이 두꺼운 자입니까?

임예리 변호사 증인께서 무슨 일이냐며 다시 따질 때 폭발음이 들렸죠?

명성 황후 그렇습니다. 고대수라는 하마처럼 생긴 궁녀가 있었는데 힘이 장사라서 내 경호를 맡았지요. 그런데 그 아이가 김옥균의 스파이 노릇을 했어요. 궁궐 안의 일을 개화당에 낱낱이 전해 줬던 겁니다. 그날 밤에도 김옥균의 지시를 받고 궁궐 안에서 폭탄을 터뜨렸는데, 나는 그 소리에 놀라 그만 김옥균의 말을 따르게 되었어요. 물론 고대수는 갑신정변이 끝나자마자 사형시켰어요.

임예리 변호사 원고는 전하와 증인의 처소를 창덕궁에서 경우궁으로 옮기도록 했지요? 왜 그랬다고 생각하시나요?

명성 황후 김옥균은 전하와 나를 지켜 준다며 그곳으로 옮기게 했

경우궁

조선 시대 칠궁 중 하나로, 정확히 말하면 궁궐이 아니라 사당입니다. 칠궁이란 왕을 낳았지만 왕비에 오르지 못한 후궁의 영혼을 달래기 위해 지은 건물로서, 당시 서울에는 저경궁, 대빈궁 등이 있었으며 이 중 경우궁은 정조 대왕의 후궁이며 순조의 생모인 수빈 박씨의 위패를 모신 사당입니다.

밀지
왕이 비밀리에 내리던 명령을 가리키는 말입니다.

지만 사실은 우리를 볼모로 잡아 두려는 흉계였어요. 창덕궁은 건물이 많고 규모가 크니까 적은 병력으로 경비하기가 힘들었지요. 그에 비해 경우궁은 건물이 작으니 개화당과 일본군이 쉽게 지킬 수 있었던 것이죠.

임예리 변호사　궁궐에 계시다가 그 좁고 누추한 곳으로 옮기셨으니 얼마나 불편하셨을까요? 경우궁에선 무슨 일이 있었나요?

명성 황후　김옥균이 전하께 경우궁을 지키려면 일본군이 있어야 하니 일본 공사에게 전하를 호위하라는 밀지를 써 달라고 했지요. 그 말을 들은 전하는 곧 "일사내위"라고 적어 김옥균에게 주었어요. 일본 공사는 군대를 동원해 나를 지켜라, 그런 뜻이었죠. 그때 내가 의아해하며 김옥균에게 물었어요. "왜 일본군만 부르지요? 전하를 지키려면 청나라 군대도 함께 부르는 게 옳지 않소?" 그랬더니 김옥균은 그렇게 하겠다며 청나라 공사관으로 보내는 밀지도 함께 받았어요. 하지만 그날 밤 경우궁으로 달려온 건 일본군뿐이었어요. 청나라 군대는 전하의 밀지를 받지 못했던 겁니다.

임예리 변호사　왜 그런 겁니까?

명성 황후　나중에 알고 봤더니 김옥균이 청나라 공사관으로 보내는 밀지를 빼돌렸던 겁니다. 그처럼 김옥균은 왕과 왕비를 협박하고 교활하게 속인 반역자예요.

임예리 변호사　원고가 환관 유재현을 죽인 것도 고종 임금과 증인을 협박하려는 의도였지요?

명성 황후　그 일을 생각하면 지금도 끔찍하군요.

임예리 변호사 이쯤에서 원고에게 왜 유재현을 죽였는지 직접 물어 보겠습니다. 원고는 답변해 주시기 바랍니다.

김옥균 중전께서 자꾸만 환궁하겠다고 하시기에 나는 우리가 혁명을 일으킨 걸 눈치채신 거라고 생각했어요. 기분이 영 찜찜했지요. 아마도 환관인 유재현이 슬며시 고해바친 듯했어요. 유재현은 전하와 중전의 총애를 받던 자로, 정변이 일어나자 나를 심하게 의심하며 내가 두 분을 만나는 걸 방해했어요. 그래서 유재현에게 입을 다물라고 경고했는데, 중전께서 자꾸 궁으로 돌아갈 것을 요구하니 마침내 유재현을 의심하게 되었지요.

임예리 변호사 그래서 유재현을 죽이라고 명령한 겁니까? 그때 고종 임금은 사람을 함부로 해치지 말라고 타일렀지만 원고는 국왕 내외가 지켜보는 데에서 유재현의 목을 치게 했습니다. 이것만 보더라도 원고는 목적을 위해서라면 수단과 방법을 가리지 않는 인물이란 걸 알 수 있습니다.

나대로 변호사 판사님, 이의 있습니다. 피고 측 변호인의 발언은 이번 재판과 무관합니다.

판사 원고 측 변호인의 요구를 기각합니다. 원고는 답변하세요.

김옥균 아까 발등에 불이 떨어진 것으로 그때의 사정을 비유했는데, 임 변호사는 자꾸 엉뚱한 질문을 하는군요. 아무튼 나는 혁명을 성공시키는 일이 무엇보다 급했어요. 그래서 전하와 중전마마를 보호한 가운데 ▶개혁의 내용을

교과서에는

▶ 문벌을 폐지하여 인민의 평등한 권리를 세우고 능력에 따라 관리를 임명한다, 조세법을 개혁한다 등의 내용이 혁신 정강에 담겨 있었습니다.

담은 혁신 정강을 발표했습니다. 임 변호사도 읽었겠지만, 혁신 정강에는 조선을 자주 국가이며 부강한 나라로 개혁하려는 개화당의 의지가 담겨 있어요. 혁신 정강에 내 개인적인 욕심을 채우려는 내용이 한마디라도 들어 있다면 내가 왜 민영익을 고소했겠소?

이때 증인석에 있던 명성 황후가 김옥균에게 소리쳤다.

"이봐요, 김 씨! 입은 삐뚤어졌어도 말은 바로 해야지. 딩신이 언제 우릴 보호했어?"

"중전마마, 아무리 죽은 사람들만 모인 역사공화국이라지만 김 씨가 뭡니까? 잘한 일도 없으면서……."

"내가 저 자를 그냥……."

판사   증인은 묻는 말에만 답변해 주시기 바랍니다.

나대로 변호사   판사님, 이번엔 제가 증인에게 질문해도 될까요?

판사   그렇게 하세요.

나대로 변호사   제가 여러 역사책을 읽어 보니 증인께선 지식이 풍부하고 영리한 왕비였다고 하더군요.

명성 황후   흠흠! 내 자랑을 하는 건 아니지만, 아마 조선의 왕비들 중 나만큼 똑똑하고 예쁜 왕비는 달리 없을걸요.

나대로 변호사   그런데 말이죠, 어떤 책에서는 증인을 두고 '암탉이 울면 집안이 망한다'는 속담에 비유하더군요.

명성 황후   뭐라고요? 참, 기가 막혀!

임예리 변호사　판사님, 이의 있습니다. 방금 전 나 변호사의 발언은 이번 재판과 관계도 없을뿐더러, 여성의 인권을 침해하는 속담으로 증인을 욕되게 한 것입니다.

판사　인정합니다. 원고 측 변호인은 더 이상 그런 속담을 입에 담지 마세요.

나대로 변호사　네. '암탉이 울면 집안이 망한다'는 속담을 인용하지 않겠습니다.

판사　나 변호사, 지금 장난해요?

나대로 변호사　아닙니다. 하지만 '암탉이 울면 집안이 망한다'는 속담이 제가 읽은 역사책에 있다는 걸 밝히기 위해서 그만…….

　나대로 변호사의 말에 방청객들은 폭소를 터뜨렸다. 판사가 소란을 진정시킨 뒤 나대로 변호사를 따로 불렀다.

　"나대로! 자꾸 까불래? 그러니까 임 변호사한테 만날 지는 거야."

　"하지만 증인이 잘한 일도 없으면서 잘난 체하는 게 우습잖아요."

　"그건 세상이 다 아는 일이잖아. 어서 몇 가지만 질문하고 끝내."

나대로 변호사　증인은 친정 식구들을 끌어들여 민씨 세도 정권의 중심에 있었던 사실을 인정하십니까?

명성 황후　민씨 세도 정권이라뇨? 그 말은 이 역사공화국에 와서 처음 듣는군요.

나대로 변호사　그럼 민씨 정권이 없었다는 말인가요?

명성 황후　　내 친정 식구들이 고위 관리로 있었던 건 사실이지만 세도를 부리진 않았다는 뜻이오.

나대로 변호사　　이번 재판의 피고인 민영익 대감과 증인은 어떤 사이인가요?

명성 황후　　민 대감은 내 친정 조카라오.

나대로 변호사　　제가 조사한 바에 따르면 그 시절 〈아리랑 타령〉이란 민요가 있었는데, "이씨의 사촌이 되지 말고 민씨의 팔촌이 되려

무나."라는 구절이 있더군요. 이것은 왕(전주 이씨)보다 왕비(여흥 민씨)의 권력이 더 강하다는 뜻이며, 민씨 세도 정치가 극성을 부렸다는 걸 잘 말해 주고 있지요. 민요는 그 시대의 민심을 담고 있는 노래이니, 당시 백성들이 민씨 정권을 무척 두려워하고 원망했음을 보여주는 증거입니다. 피고 민영익을 비롯해 민태호, 민영목, 민응식 등은 민씨 정권의 대표적 인물로, 그들은 청나라에 매달리면서 백성들을 수탈해 사리사욕을 채우는 데 여념이 없었어요.

명성 황후　　그래도 난 인정할 수 없어요. 왕비가 친정 식구들을 도와준 게 무슨 잘못인가? 그것도 내가 잘나고 똑똑하니까 가능한 일이지, 다른 왕비들 같으면 어림없었어요.

나대로 변호사　　임오군란과 갑신정변은 모두 민씨 정권에 저항해서 일어난 역사적인 사건이었죠. 그런데도 지금까지 잘못한 게 없다고 잡아떼시니 더 이상 여쭐 말이 없군요.

판사　　이제 증인은 돌아가셔도 좋습니다.

고종이 머물렀던 궁궐들

우리나라의 궁궐은 정궁, 이궁, 행궁 등으로 나뉩니다. 그런가 하면 왕으로 즉위하지 못한 왕자들과 왕속들이 머무는 집이 '~궁'으로 불리는 경우도 있었습니다. 이 책에 나오는 경우궁도 마찬가지입니다.

궁궐 가운데 정궁은 왕이 주로 머물며 대신들과 회의를 열고 나라를 다스리는 곳을 가리키며, 이궁, 행궁 등은 왕이 임시로 머물던 곳입니다. 정조 임금은 아버지 사도 세자의 묘가 있는 수원으로 자주 행차했는데, 그때 머물던 궁의 이름이 '수원 행궁'이었습니다.

조선 시대의 정궁은 경복궁이었습니다. 하지만 임진왜란 때 경복궁이 불타 없어진 뒤에는 창덕궁을 정궁으로 삼아 오랫동안 사용했습니다. 궁궐을 만들려면 매우 많은 비용과 인력이 필요하기 때문에, 역대 왕들은 경복궁을 복원하고자 했지만 미처 엄두를 내지 못했습니다. 그러다가 조선 후기에 흥선 대원군이 비교적 짧은 시간 안에 경복궁을 번듯하게 복원해 다시 조선의 정궁으로 삼게 되었습니다. 흥선 대원군이 당시 유생과 백성들에게 비판받았던 것도 무리하게 경복궁 건설을 추진해 나라의 살림살이가 기울었기 때문이지요.

고종은 열두 살 때 왕이 되어 창덕궁에서 생활했습니다. 그리고 경복궁 중건 후에 당연히 경복궁으로 옮겼던 것이죠. 그런데 갑신정변은 창덕궁을 중심으로 일어났어요. 왜 그랬을까요?

흥선 대원군이 물러난 뒤 경복궁에서는 여러 차례 폭발 사건이 일어났습니

경복궁 근정전　　　　　　　　　　창덕궁 인정전

다. 고종과 명성 황후는 이에 생명의 위협을 느껴 창덕궁으로 옮기게 되었습니다. 그러다가 1년 6개월 만에 다시 경복궁으로 옮겼는데, 기다렸다는 듯 경복궁 교태전과 자경전에 불이 나 1877년 3월에 다시 창덕궁으로 옮긴 뒤 그곳에서 1894년까지 17년 동안 살았습니다. 이런 이유로 1884년 갑신정변이 일어났을 때는 창덕궁을 둘러싸고 개화당과 일본군, 청나라군 사이에 치열한 전투가 벌어졌던 것입니다.

그 후 고종은 다시 경복궁으로 옮겼다가, 1895년에 명성 황후가 시해되자(을미사변) 러시아 공사관으로 피신했습니다. 그리고 그곳에서 가까운 경운궁(덕수궁)을 중건해 대한 제국 시기에는 경운궁이 정궁으로 사용되었습니다.

이처럼 고종은 창덕궁과 경복궁, 경운궁을 오가며 나라를 다스렸는데, 아마 조선 시대에 고종처럼 궁궐을 자주 옮긴 국왕은 달리 찾아보기 힘들 것입니다.

3 혁신 정강은 어떤 내용을 담고 있었을까?

임예리 변호사 갑신정변이 어떻게 진행되었는지 계속 알아보기 위해 원고에게 묻겠습니다. ▶원고는 왕과 왕비의 거처를 경우궁으로 옮기고 볼모로 삼았습니다. 곧 왕의 밀지를 받은 일본 공사 다케조에 신이치로가 200여 명의 군대를 끌고 와 경우궁을 지켰는데 그때 청나라 군대는 어떻게 했습니까?

김옥균 일본군이 경우궁을 지키고 있었기 때문에 청나라 군대는 변란이 일어났다는 소식을 듣고도 전하를 뵙지 못했어요. 이제 청나라의 간섭을 받지 않아도 되었지요. 하지만 중전마마가 의심했기 때문에 아직 안심하긴 일렀어요. 중전께선 자꾸 창덕궁으로 돌아갈 것을 요구했지요.

임예리 변호사 그럴 만도 하죠. 넓은 궁궐에서 지내다 그

왜 갑신정변은 삼일천하로 끝났을까?

런 좁고 누추한 곳에 계시려니 얼마나 불편하셨을까요? 그 뒤 원고
는 무슨 일을 하였나요?

김옥균　　먼저 새 정부를 이끌어 나갈 각료를 뽑았어요. 그 명단을
뽑느라 밤을 꼬박 새운 뒤 이튿날 새벽에 전하의 허락을 받아 발표
했습니다. 새 정부의 각료로 모두 23명을 뽑았는데, 민씨들과 청나
라에 아부하던 사람들은 당연히 모조리 뺐지요.

임예리 변호사　　그때 원고는 호조 참판을 맡았죠? 조선 최고의 벼
슬인 영의정도 있는데 왜 굳이 호조 참판을 선택했습니까? 정변을
일으킨 주인공이었잖습니까.

나대로 변호사   제가 대신 답변하겠습니다. 그게 바로 원고에게 개인적인 욕심이 없었다는 증거입니다. 호조 참판은 호조 판서 밑에서 재정을 관리하는 직책입니다. 원고는 지위가 낮은 호조 참판을 맡아 개혁에 필요한 재정을 지원하기로 한 겁니다.

임예리 변호사   그렇게 볼 수도 있겠지만, 다른 사람들의 반발을 무마하기 위한 위장 전술이 아닌가요?

김옥균   참 예리한 질문이군요. 하지만 그 질문엔 답변하지 않겠소.

나대로 변호사   새로 임명된 대신들 중에는 흥선 대원군의 아들, 조카, 손자 등 흥선 대원군 파도 많이 포함되었습니다. 그리고 특이하게도 수구파 대신도 임명되었는데, 누구든 실력이 뛰어나면 그 실력을 인정해 주는 원고의 개혁 사상을 엿볼 수 있는 부분입니다. 원고는 그날 저녁부터 19일 새벽까지 대신들과 모여 새 정부가 추진해야 할 개혁을 의논했습니다. 그것을 정리해 혁신 정강을 만들었고 고종의 허락을 받았습니다. 그리고 이튿날 새벽에 서울 시내 곳곳에 방을 붙여 혁신 정강을 발표하지요. 이로써 새 정부의 개혁 의지를 널리 알리게 됩니다.

판사   혁신 정강에 어떤 내용이 담겼는지 원고 측 변호인이 설명해 보세요.

나대로 변호사   혁신 정강의 중심 내용은 조선이 독립 국가이며 평등한 사회라는 겁니다. 청나라에 대한 사대 외교를 폐지하고, 조선이 어느 나라의 간섭도 받지 않는 자주 국가임을 선포했지요. 또 전통적인 신분 제도를 폐지하여 모든 사람들이 평등함을 강조했습니다.

판사 당시로선 파격적인 내용이라 할 수 있군요.

나대로 변호사 그렇습니다. 본 변호인은 혁신 정강의 내용을 자세히 알아보기 위해 박영효 대감을 증인으로 신청합니다.

판사 허락합니다. 증인은 나와서 선서하세요.

양복을 입고 머리를 짧게 깎은 박영효가 나와서 선서를 했다. 근대식 양복을 입은 모습이 세련되어 보였다.

나대로 변호사　증인은 새 정부에서 좌포도대장으로 임명되었는데요. 좌포도대장이 무슨 일을 하는 벼슬입니까?

박영효　말 그대로 좌포도청의 대장입니다. 주요 업무는 범죄자를 잡아 다스리는 일이고요. 전하의 명을 받아 죄인을 심문하기도 합니다.

나대로 변호사　개화당의 지도자였던 증인은 새 정부의 혁신 정강을 만들 때 참여하셨겠네요.

박영효　물론입니다. 정책을 정하기 위해 밤을 새우며 일하던 게 생각나는군요. 사실 혁신 정강의 내용은 지금 전해지는 것보다 훨씬 많았지만, 정변 실패 후 민씨 정권이 모두 태워 버려 지금은 열네 가지 항목만 전해지고 있어요. 혁신 정강은 정치, 경제, 사회 등 모든 분야의 개혁 방향을 담고 있었습니다.

나대로 변호사　좀 더 자세히 설명해 주시겠습니까?

박영효　먼저 새 정부는 조선의 정치를 입헌 군주제로 바꾸려고 했습니다. 입헌 군주제란 왕의 권력이 법에 의해 제한되는 정치 체제를 말합니다. 우리나라 역사를 보면 왕이 모든 권력을 가지고 백성들을 통치하는 절대 군주제가 쭉 이어져 내려왔습니다. 절대 군주제에서는 왕의 권력이 절대적이므로 왕에게 맞서는 것은 곧 반역이며 죽음을 뜻하지요. 서양에서도 절대 군주제가 이어져 오다가 왕의 폭정을 못 견딘 시민들이 혁명을 일으켜 입헌 군주제가 시작되었잖습니까? 일본도 메이지 유신 때 서양의 입헌 군주제를 도입하였습니다. 이런 시대 흐름에 따라 개화당에서도 근대적인 제도를 마련하

　왜 갑신정변은 삼일천하로 끝났을까?

기 위한 가장 중요한 내용으로 입헌 군주제를 선택한 것입니다.

나대로 변호사　　입헌 군주제가 된다면 왕의 권력이 많이 줄어들겠군요. 그런데 그 당시 조선에서는 입헌 군주제가 너무 이르지 않았을까요?

박영효　　당연히 많은 반발이 있었죠. 우리도 일본처럼 부강해질 수 있는데 왜 그걸 모르는지……. 혁신 정강 제4조인 내시부를 없앤다는 항목도 입헌 군주제와 관련이 있습니다.

나대로 변호사　　내시부가 무엇입니까?

박영효　　내시부는 내시들을 관리하는 관청입니다. 내시는 왕을 수발하는 일을 하는데요, 왜 사극을 보면 문밖에서 지키고 있다가 왕이 부르면 달려가거나 왕 옆에서 시중드는 사람들이 있지 않습니까? 이들이 내시입니다. 내시부는 왕의 권력을 상징적으로 보여 주는 기구인데, 이를 없앰으로써 왕권을 약화시키려고 했습니다.

나대로 변호사　　정치 개혁에 관련된 내용이 더 있습니까?

박영효　　대신들이 의정부에 모여서 민주적으로 정책을 결정하게 했습니다. 또, 의정부와 6조를 제외한 불필요한 관청을 없애서 재정과 인력을 낭비하지 않도록 개혁했어요. 그리고 규장각도 폐지하도록 했습니다.

나대로 변호사　　규장각은 학자들이 책을 수집하고 연구하던 기관이죠?

창덕궁 후원 부용지 주변에 세워진 규장각과 서향각

환국

외국에 가 있는 사람이 자기 나라로 돌아오는 일을 말합니다. 비슷한 말로 '귀국'이 있습니다.

그런데 왜 규장각을 폐지하려고 했나요?

박영효   규장각이 처음 만들어졌을 땐 제구실을 했지만, 시간이 지나면서 원래의 기능을 잃고 부패하기 시작했어요. 그리고 사회가 발전하려면 다양한 근대 학문을 연구해야 하는데 규장각에선 날마다 공자, 맹자나 읽고 있으니 얼마나 답답합니까. 그래서 규장각을 폐지하게 한 것입니다.

나대로 변호사   또 어떤 정책이 있었는지 설명해 주시겠습니까?

박영효   혁신 정강 제1조를 보면 청나라에 잡혀간 흥선 대원군을 환국시키고 청나라에 대한 조공을 폐지한다고 되어 있습니다. 이는 조선이 자주 국가라는 걸 선포하는 상징적인 대목입니다. 그동안 청나라가 조선의 내정을 얼마나 간섭했습니까? 그래서 청나라와 어깨를 나란히 하자는 뜻에서 사대 외교를 금지시킨 겁니다.

나대로 변호사   흥선 대원군을 환국시킨다는 것은 무슨 뜻입니까?

박영효   원고는 개화파였기에 쇄국 정책을 펼쳤던 흥선 대원군과 뜻이 맞지 않았습니다. 하지만 흥선 대원군은 주상 전하의 부친이고 많은 백성들의 지지를 받았던 분입니다. 그런 분을 청나라가 납치한 것은 조선의 주권을 얕보고 무시하는 행동이지요. 그래서 개화당은 조선이 자주 국가라는 걸 선언하는 뜻으로 혁신 정강 제1조에 흥선 대원군의 환국을 요구했던 것입니다. 개화당은 조선을 근대화시키는 걸 목적으로 삼았지 결코 권력에 욕심을 부린 게 아니었습니다.

나대로 변호사   잘 알겠습니다. 혁신 정강에는 평등권에 대한 내용도 있지요? 그 부분에 대해서도 설명해 주세요.

박영효　제2조에 모든 백성은 평등한 권리를 가지며, 재능에 따라 사람을 등용한다고 되어 있습니다. 신분에 따라 사람을 차별하는 것은 매우 나쁜 관습이며 하루빨리 버려야 할 제도였습니다. 조선은 신분 제도 때문에 상민이나 노비가 매우 심한 차별을 받지 않았습니까? 그래서 신분 제도를 없애고 모든 사람이 능력에 맞게, 차별받지 않고 살아갈 수 있게 한 것입니다.

나대로 변호사　신분 제도를 없앤다는 조항도 당시로선 획기적인 일이었군요. 시대를 앞서 가는 생각을 하셨다니 정말 존경스럽습니다.

증인의 진술처럼 개화당 정부는 혁신 정강을 발표해 근대화를 이룩하려고 노력했습니다. 더 나아가 조선의 **악습**을 뜯어고치고 양반 중심의 사회를 바꾸려는 노력도 했습니다.

증인, 수고하셨습니다.

판사 피고 측 변호인, 반대 신문 하시겠습니까?

임예리 변호사 네, 증인에게 묻겠습니다. 혁신 정강은 여러 가시 놀라운 내용을 담았지만 백성들의 호응을 얻지 못했습니다. 왜 그랬다고 생각하십니까?

박영효 무엇보다 개화당 정권이 삼일천하로 끝났으며 혁신 정강을 널리 알릴 만한 기회가 없었기 때문입니다. 그리고 당시에는 백성들이 아직 근대 사상을 깨치지 못한 것도 중요한 이유가 될 것입니다.

임예리 변호사 백성들의 어리석음을 탓하시는군요. 혁신 정강이 조선의 실정에 맞지 않아 지지를 받지 못한 게 아닌가요? 증인과 개화당은 일본의 메이지 유신에 큰 영향을 받았습니다. 하지만 조선과 일본의 상황이 다른데 무턱대고 일본을 따라 하는 게 근대화라고 생각했나요?

박영효 아무리 일본이 밉더라도 좋은 점은 배워야 합니다. 그렇게 해서라도 조선을 일본보다 부강한 나라로 만들면 되지 않습니까? 모방은 나쁜 것이 아닙니다. 참고로, 중국의 정치가 덩샤오핑은 1960년대에 "검은 고양이든 흰 고양이든 쥐만 잘 잡으면 된다."고

했지요.

임예리 변호사   증인보다 한참 후배였던 사람의 말을 인용하셨는데 적절한 비유는 아닌 것 같군요. 그러니 친일파라는 소리를 듣는 겁니다. 백성들은 일본의 도움을 받아 개혁을 추진하려는 개화당을 좋게 보지 않았습니다. 친일파가 만든 혁신 정강이니 거부감을 느낄 수밖에 없었겠죠. 백성들의 호응을 얻지 못한 개혁은 실패할 수밖에 없습니다. 그것은 민심을 살피지 않고 무턱대고 개혁을 추진한 개화당의 잘못입니다. 민중의 지지를 받지 못하는 위로부터의 혁명은 실패하는 법이죠. 갑신정변이 대표적인 경우가 아닌가요?

박영효   그렇기는 하지만…….

박영효가 말끝을 흐리자 방청석이 술렁거렸다. "역시 임예리 변호사야!" 하고 감탄하는 목소리가 곳곳에서 들려왔다.

박영효   하지만 갑신정변보다 10년 후에 일어난 동학 농민 운동은 수십만 명의 백성이 뭉쳐서 일으킨 혁명이었어요. 그런데 동학 농민 운동도 실패하지 않았습니까? 임 변호사는 그 점을 어떻게 생각하시오?

임예리 변호사   증인에게 질문하는 사람은 저입니다. 마치 제가 증언대에 선 기분이군요. 그럼에도 제 생각을 말씀드리자면, 동학 농민 운동 때는 전봉준 등 지도자들의 신분에 한계가 있었으며 일본군이 최신 무기로 농민군을 제압했기에 실패한 것입니다. 이상 반대

신문을 마칩니다.

나대로 변호사　　판사님, 피고 측 변호인은 억지 논리를 펴고 있습니다. 모든 사람이 평등하다는 혁신 정강의 내용에서 보았듯이, 갑신정변은 힘없고 가난한 백성들을 위한 개혁이었습니다. 그래서 동학 농민 운동과 갑오개혁 때에도 개화당이 갑신정변을 통해 주장한 내용이 다시 나옵니다. 이것만 보아도 갑신정변이 선구적인 개혁 운동이었다는 것이 증명됩니다.

임예리 변호사　　과연 그럴까요? 원고를 비롯한 개화당 사람들은 백성들이 진정 무엇을 원하는지 모르고 있었습니다. 당시 양반들은 많은 땅을 소유한 반면, 농민들은 농지가 없는 자가 허다하였어요. 따라서 거의 모든 농민들이 소작을 했는데, 지주들이 높은 소작료를 받거나 빌려 준 곡식의 이자를 높게 쳐서 농민들은 굶어 죽을 형편이었지요.

나대로 변호사　　임 변호사는 갑신정변이 위로부터의 혁명이었다고 했지요? 그렇다 보니 개화당 지도자들이 백성들의 삶을 자세히 알지 못한 건 인정합니다. 하지만 신분 차별을 없애고 남녀평등을 실현해야 한다고 주장한 점, 조선이 자주 국가라고 선언한 점, 근대화를 앞당기기 위해 선구적인 노력을 기울인 점에서 갑신정변은 조선최초의 근대화 운동이었습니다. 피고 측 변호인도 이 점을 인정하시기 바랍니다.

임예리 변호사　　하지만 그 방법이 옳지 않았지요. 저는 아무리 좋은 목적이라도 방법과 절차가 정의롭지 못하고 잘못된 것이라면 인정할 수 없어요. 그걸 여러 번 말했는데 나 변호사는 귀를 막고 계셨나요?

판사   두 분 다 진정하세요. 오늘 재판에서는 갑신정변 때의 새 정부 인사와 혁신 정강에 대해 알아보았습니다. 모두 수고하셨습니다. 다음 재판은 일주일 뒤 같은 시간에 속개됩니다.

땅, 땅, 땅!

갑신정변의 혁신 정강 14조

제1조 청나라에 잡혀간 흥선 대원군을 속히 귀국시키며 종래 청나라에 대해
행하던 조공의 허례를 폐지한다.

제2조 문벌을 폐지하여 인민 평등권을 제정하여 능력에 따라 관리를 임명
한다.

제3조 지조법을 개혁하여 관리의 부정을 막고 백성을 보호하며 국가 재정을
넉넉하게 한다.

제4조 내시부를 없애고, 그중 우수한 인재는 등용한다.

제5조 탐관오리 중에서 그 죄가 심한 자는 처벌한다.

제6조 각 도의 환상을 영구히 받지 않는다.

제7조 규장각을 폐지한다.

제8조 급히 순사를 두어 도둑을 방지한다.

제9조 혜상공국을 혁파한다.

제10조 귀양살이를 하는 자와 옥에 갇힌 자는 그 정상을 참작하여 적당히 형
을 감한다.

제11조 4영을 합하여 1영으로 하되, 영 중에서 장정을 선발하여 근위대를 설
치한다.

제12조 모든 재정은 호조에서 관할한다.

제13조 대신과 참찬은 의정부에 모여 정령을 의결하고 반포한다.

제14조 의정부와 6조 외에 필요 없는 관청을 없앤다.

다알지 기자

안녕하십니까? 역사공화국 법정 뉴스의 다알지 기자입니다. 오늘도 저는 갑신정변과 관련해 두 번째 재판이 열린 현장에 나와 있습니다. 재판이 끝날 때까지 원고 측과 피고측 간에 치열한 공방이 벌어졌는데요. 증인들의 생생한 증언을 통해서 우정총국에서 어떤 일이 있었는지 살펴보고 갑신정변이 어떻게 진행되었는지 알아볼 수 있는 시간이었습니다. 민영익 측에서는 김옥균이 어떻게 고종과 명성 황후를 고립시키고 정변을 진행했는지 낱낱이 밝혔습니다. 한편 김옥균 측에서는 박영효 대감을 앞세워 혁신 정강의 의의에 대해서 이야기했지요. 그럼 원고와 피고의 이야기를 통해 오늘 재판의 가장 큰 쟁점에 대해서 이야기해 보도록 하겠습니다. 그럼 먼저 피고인 민영익 대감께 마이크를 넘깁니다.

민영익

으흠! 조선 최초로 세계 일주를 마치고 돌아온 민영익이올시다. 나는 김옥균 대감이 내게 소송을 제기한 이유를 모르겠어요. 내가 대체 무슨 잘못을 했다고……. 친일파를 친일파라 부른 게 그리도 큰 잘못인가요? 더구나 원고는 나더러 개화당을 배반한 정치인이라고 공격하는데, 정치인이 무슨 수도승인가요? 정치인은 본래 이쪽에 붙었다 저쪽에 붙었다 하는 겁니다. 그렇게 해서 권력을 누리며 잘 먹고 잘살면 됐지, 정치인에게 더 이상 무슨 꿈이 있단 말이오? 에, 오늘 재판에서도 나온 것처럼, 내가 개화당에 등을 돌린 것은 그들의 개혁 주장이 너무나 현실에 맞지 않았기 때문입니다. 1884년 무렵의 조선은 아직 깊은 어둠에 잠긴 때였어요. 전하는 하늘처럼 받들어지고 중전마마는 국모, 그러니까 나라의 어머니로 추앙받던 시기였지요. 그런데 개화당이 난데없이 입헌 군주제니 신분 평등이니 하고 내세우니, 충효를 으뜸으로 여기던 선비들과 백성들이 얼마나 기가 막혔겠습니까? 따라서 갑신정변은 원고의 사리사욕에서 비롯된 반역 사건에 지나지 않아요. 어서 이 재판이 끝나 우리 역사공화국이 평온해지고 나의 명예가 회복되기를 바랄 뿐입니다.

왜 갑신정변은 삼일천하로 끝났을까?

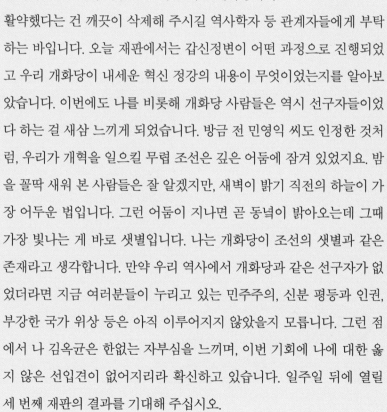

김옥균

　사랑하고 존경하는 역사공화국 시민 여러분, 한때나마 저런 천박한 사람이 우리 개화당에 참여했다는 점을 매우 부끄럽게 생각합니다. 앞으로 저 사람을 소개할 때는 개화당에서 활약했다는 건 깨끗이 삭제해 주시길 역사학자 등 관계자들에게 부탁하는 바입니다. 오늘 재판에서는 갑신정변이 어떤 과정으로 진행되었고 우리 개화당이 내세운 혁신 정강의 내용이 무엇이었는지를 알아보았습니다. 이번에도 나를 비롯해 개화당 사람들은 역시 선구자들이었다 하는 걸 새삼 느끼게 되었습니다. 방금 전 민영익 씨도 인정한 것처럼, 우리가 개혁을 일으킬 무렵 조선은 깊은 어둠에 잠겨 있었지요. 밤을 꼴딱 새워 본 사람들은 잘 알겠지만, 새벽이 밝기 직전의 하늘이 가장 어두운 법입니다. 그런 어둠이 지나면 곧 동녘이 밝아오는데 그때 가장 빛나는 게 바로 샛별입니다. 나는 개화당이 조선의 샛별과 같은 존재라고 생각합니다. 만약 우리 역사에서 개화당과 같은 선구자가 없었더라면 지금 여러분들이 누리고 있는 민주주의, 신분 평등과 인권, 부강한 국가 위상 등은 아직 이루어지지 않았을지 모릅니다. 그런 점에서 나 김옥균은 한없는 자부심을 느끼며, 이번 기회에 나에 대한 옳지 않은 선입견이 없어지리라 확신하고 있습니다. 일주일 뒤에 열릴 세 번째 재판의 결과를 기대해 주십시오.

갑신정변은
왜 실패했을까?

1. 명성 황후와 친청 세력의 반발
2. 일본의 배신과 급진 개화파의 최후

명성 황후와
친청 세력의 반발

판사 드디어 마지막 재판이군요. 여기 있는 사건 일지를 살펴보면 갑신정변은 1984년 음력 10월 17일에 일어나 19일에 끝난 것으로 되어 있는데요. 19일은 원고가 혁신 정강을 만든 날이 아닙니까? 그런데 혁신 정강을 발표한 그날 갑신정변이 실패로 끝나다니 어이가 없었겠습니다. 오늘은 갑신정변이 삼일천하로 끝나게 된 이유, 그러니까 갑신정변이 사흘 만에 실패한 이유를 알아보도록 하겠습니다. 먼저 원고 측 변호인, 진술하세요.

나대로 변호사 지난 재판에서 갑신정변이 위로부터의 개혁이기 때문에 백성들의 지지를 받지 못해 실패했다는 이야기가 나왔습니다. 하지만 갑신정변이 실패한 근본적인 이유는 명성 황후와 청나라가 개입했기 때문입니다. 만약 그 두 세력이 방해하지 않았다면 갑신정변은 삼일천하로 허무하게 끝나지 않았을 것입니다.

이를 듣고 있던 임예리 변호사가 참을 수 없다는 표정으로 일어나 반론을 제기했다.

임예리 변호사　애초에 고종과 명성 황후를 볼모로 잡아 놓고 무리하게 개혁을 추진한 것은 원고가 아닙니까? 명성 황후 입장에서는 일본군을 끌어들여 자기를 궁에 가둬 놓은 원고를 반역자라고 생각할 수밖에 없었을 겁니다. 따라서 갑신정변이 사흘 만에 끝난 건 당연한 일이고, 원고가 억울해할 이유는 아무것도 없다고 봅니다.

나대로 변호사　임 변호사는 그 당시 청나라가 조선 정부를 얼마나 억누르고 안하무인으로 굴었는지 잘 모르는 것 같군요. 갑신정변은 한마디로 청나라로부터 독립하기 위한 개혁 운동이라 할 수 있습니다. 그런데 이번 재판에서 드러난 것처럼 명성 황후와 민씨 정권은 어떻게 했습니까? 청나라 세력을 등에 업고 백성들을 수탈하는 데 여념이 없었어요. 원고 등 개화당이 그런 정부를 뒤집어엎고 새 나라를 만들기 위해 개혁을 추진하자, 그것을 돕기는커녕 청나라 군대를 끌어들여 개화당 정권을 무너뜨렸지요. 그렇게 하고도 국모로 추앙받는 게 부끄럽지 않나요?

결국 개화당의 개혁은 명성 황후가 끌어들인 청나라의 무력 때문에 삼 일 만에 막을 내린 것이지 백성의 지지를 받지 못해서가 아니었습니다. 만약 청나라의 공격을 받지 않았다면 갑신정변은 성공했

가정법
가정(假定)이나 소망을 나타내는 문법으로 가상법(假想法)이라고도 합니다. 예를 들어 '만약 갑신정변이 성공했더라면……'과 같이 실제 사실과 관계없이 생각을 표현할 때 쓰입니다.

개입
자신과 직접적인 관계가 없는 일에 끼어드는 것입니다.

을 것이고, 그 후 조선은 일제에 강점되지도, 남북이 분단되지도 않았을 것입니다.

임예리 변호사   나 변호사는 역사에는 가정법이 없다는 기본 상식을 모르나 봐요? 다 지나간 일인데 만약에 그때 어떻게 했더라면 지금 우리는 어떻게 달라졌을 것이다, 하는 식의 이야기가 무슨 소용이 있지요? 오히려 과거의 잘잘못을 그대로 인정하고 거기에서 교훈을 얻는 게 역사를 공부하는 목적이 아닌가요?

나대로 변호사   그건 인정합니다. 하지만 이 역사공화국에서 역사 재판을 여는 이유가 뭡니까? 잘잘못을 따져 보고 역사의 교훈을 얻자는 뜻이 아닙니까? 그런 점에서 피고와 민씨 정권은 냉엄한 심판을 받아야 하고 원고의 명예는 회복되어야 합니다.

양측 변호사가 논쟁을 벌이는 동안 방청객과 배심원들은 입을 다물지 못한 채 두 사람을 지켜보았다. "역시 임예리 변호사야!" 하는 말이 나오는가 하면, "나대로 변호사가 지질한 줄 알았는데 언제 저렇게 공부를 많이 한 거야?" 하고 감탄하는 소리도 들렸다. 그때 판사가 나섰다.

판사   마지막 재판이라 그런지 두 변호사의 싸움이 치열하군요. 우선 청나라가 어떻게 갑신정변에 개입하게 되었는지 그 경위를 알아본 후, 갑신정변이 실패한 원인을 따져 봅시다.

나대로 변호사   거기에 대해서는 제가 설명하겠습니다. 지난 재판에서 이야기되었듯이, 경우궁에 있던 명성 황후는 창덕궁으로 돌아가겠다고 끈질기게 요구해 원고를 난처하게 만들었습니다. 이틀만 버티면 청나라의 간섭 없이 개혁을 추진할 수 있을 텐데 말이죠.

임예리 변호사   왕비가 원래 살던 궁으로 돌아가겠다는 게 잘못인가요?

나대로 변호사   지금은 내가 변론하고 있으니 임 변호사는 가만히 좀 계세요.

임예리 변호사   미안하지만 내말을 끝까지 해야겠어요. 지만 원고는 창덕궁으로 돌아가자는 왕의 요구도 무시했죠. 왕과 왕비가 창덕궁으로 무사히 돌아갈 수 있었던 것은 일본 공사 다케조에가 고종의 명을 받들어 환궁을 도왔기 때문입니다. 이렇게 원고는 왕의 안위를 돌보지 않고 제멋대로 고집을 부렸습니다. 그렇다면 청나라 관리들이 안하무인으로 굴었던 일과 무슨 차이가 있지요? 어떻게 신하가 왕을 볼모로 삼는지 이해할 수가 없군요.

나대로 변호사   원고가 왕을 창덕궁으로 모시지 않은 것은 혹시 모를 청나라의 공격에 대비하기 위해서였어요. 그래서 왕과 왕비가 창덕궁으로 돌아갔을 때에도 경계를 늦추지 않았지요. ▶궁궐 가장 안쪽에서 개화당 병력과 사관생도 50명이 경비를 맡고, 중간은 일본군 150명이 맡았습니다. 그리고 궁궐 바깥에 1000여 명의 조선군을 배치해 철저히 지키게 했어요. 이렇게 철통같이 경비했는데도 궁궐로 쳐들어온 청나

교과서에는

▶ 갑신정변 당시 조선에는 1500여 명의 청나라군이 있었고, 일본군은 200여 명이 주둔해 있었습니다.

라군 앞에서 무기력하게 당하고 말았습니다.

판사　청나라군은 어떻게 창덕궁 안으로 진격하게 된 겁니까?

나대로 변호사　청나라군이 개입하게 된 것은 명성 황후 때문입니다. 비로소 사건의 내막을 알아차린 명성 황후가 청나라의 위안스카이에게 편지를 써서 도움을 청한 거지요. 원고의 개혁이 성공하면 자신과 청나라의 입지가 좁아질 테니까요. 그래서 원고의 개혁을 막기 위해 청나라군을 끌어들인 것이죠. 명성 황후는 나라와 백성보다는 자신의 기득권을 지키는 데에만 급급했던 왕비였어요.

임예리 변호사　개화당과 일본 군사들이 궁궐을 포위했는데 어떻게 가만히 보고만 있습니까? 명성 황후는 개화당의 반란을 진압하기 위해 청나라의 군사력을 빌린 것뿐입니다. 명성 황후의 요청으로 군대를 이끌고 온 위안스카이의 말을 들어 보면 명성 황후가 어떤 상황에 처해 있었는지 알 수 있을 것입니다. 판사님, 위안스카이를 증인으로 신청합니다.

　판사의 허락이 떨어지자 위안스카이가 증인석에 올라 선서를 했다. 그는 법정을 한 번 둘러보더니 거드름을 피우며 말했다.

위안스카이는 중국의 군인이자 정치가로서 조선에 부임하여 국정을 간섭했습니다.

위안스카이　흥, 역사공화국 법정도 별것 아니군. 이렇게 좁은 곳에서 뭘 하겠다는 건지…….

판사　증인, 여기는 신성한 법정입니다. 증인으로

서 예의를 갖추세요.

위안스카이 뭣이? 지금 날 가르치려는 것인가? 한때 청나라 황제
를 지냈던 나 위안스카이에게 함부로 명령을 해?

판사 증인, 여기는 역사공화국입니다. 증인이 살았을 때 큰 권력
을 가졌는지는 몰라도, 여기서는 재판장인 내 말에 절대 복종해야
합니다. 어디서 감히 재판장에게 반말을 합니까? 자꾸 그런 식으로
나오면 퇴정시킬 수도 있습니다. 주의하세요.

임예리 변호사 　판사님, 증인이 먼 길을 오느라 피곤해서 그렇습니다. 이해해 주세요.

판사 　흠……, 지켜보겠습니다. 그럼 증인 신문을 시작하세요.

임예리 변호사 　감사합니다. 증인은 간단히 자기소개를 해 주시겠습니까?

위안스카이 　나는 본래 명문가에서 태어났으나 과거에 실패한 뒤 오장경 장군 밑에서 일하게 되었어요. 그 후 조선으로 파견되어 여러 분야에서 큰 공을 세우고 벼슬이 높아졌지요. 청나라로 돌아가서는 서양식 군대를 양성해 세력을 키웠으며 나중엔 황제까지 지냈던 사람이오, 내가.

임예리 변호사 　경력이 화려하시군요. 그런데 조선에는 무슨 일로 오셨습니까?

위안스카이 　조선에서 임오군란이 일어나자 명성 황후가 급히 피신해 우리 청나라에 구원해 달라고 애원하지 않았소? 그때 청나라 정부는 조선에 대한 지배권을 차지할 기회다 싶어 군대를 파견했는데, 그 군대에 나도 포함되어 있었소.

임예리 변호사 　증인과 청나라 군대는 임오군란이 끝난 후에도 계속 조선에 있었나요?

위안스카이 　그렇소. 나는 점차 지위가 높아져서 조선의 상황을 잘 알게 되었지요.

임예리 변호사 　그런데도 원고가 갑신정변을 일으킬 거라고 예상하지 못했습니까?

위안스카이　　저기 앉은 김옥균은 일본과는 가깝게 지내면서도 청나라는 배척했지. 그러니 우리에겐 눈엣가시였소. 김옥균은 청나라가 조선에서 나가야 한다며 동네방네 떠들고 다니더군. 우리 청나라가 조선을 지켜 주는 것도 모르고 오만방자하게 굴었던 거요. 프랑스와 전쟁하기 위해 조선에 있던 우리 측 군사 절반이 빠져나가자 김옥균이 무슨 일을 꾸미는 것 같더군. 그래서 난 개화당 사람들을 유심히 지켜보았지만, 계획이 워낙 비밀스럽게 진행되었기 때문에 알 수가 없었소.

눈엣가시
몹시 밉거나 싫어 늘 눈에 거슬리는 사람을 가리키는 말입니다.

임예리 변호사　　정변이 일어난 뒤 증인은 어떻게 했습니까?

위안스카이　　그때 비로소 김옥균이 일본과 짜고 정변을 일으켰음을 알게 되었소. 그래서 고종과 명성 황후를 만나 그 사실을 알리려고 했지만 일본군이 궁을 지키고 있어서 불가능했소. 왕과 왕비를 궁에 가두고 조선의 체제를 부정한 김옥균은 반역 죄인이오. 청나라 같으면 당장에 목이 날아갔을 것이오.

임예리 변호사　　그래서 증인이 군사를 이끌고 궁궐로 쳐들어온 것이군요.

위안스카이　　그렇소. 궁궐로 들어가 반란군을 진압하고 왕과 왕비를 구했지요.

임예리 변호사　　이로써 원고의 죄가 더욱 확실해졌군요. 원고는 자신의 목적을 이루기 위해 민영익 대감 등 반대 세력을 없앴고, 일본의 힘을 빌려 정변을 일으켜 조선을 혼란에 빠뜨렸습니다. 그것도 모자라 왕과 왕비를 속여 궁궐에 가두는 짓을 서슴지 않았습니다.

이상으로 증인 신문을 마치겠습니다.

판사   좋습니다. 증인의 이야기를 통해 원고가 어떤 잘못을 저질렀는지 조금 알 수 있었던 것 같군요. 하지만 원고 측의 반대 신문도 들어봐야 되겠습니다.

왜 갑신정변은 삼일천하로 끝났을까?

일본의 배신과
급진 개화파의 최후

나대로 변호사   이번에는 제가 증인에게 질문하겠습니다. 증인은 1884년 음력 10월 19일 오후 3시에 군대를 이끌고 창덕궁을 공격했습니다. 이날은 갑신정변이 일어난 지 사흘째 되는 날이죠?

위안스카이   그렇소. 우리 청나라 군대는 창덕궁으로 가서 김옥균 일파를 몰아내고 조선의 질서를 바로잡았어요.

나대로 변호사   증인은 개화당을 공격해 무너뜨린 공로를 인정받아 총리교섭통상사의로 임명되었습니다. 그 자리는 청나라의 조선에 대한 정책을 모두 책임지는 직책이었지요?

위안스카이   그게 어쨌다는 거요?

나대로 변호사   그건 증인이 조선의 내정을 더욱 심하게 간섭하게 되었다는 뜻이죠. 증인은 조선에 대한 청나라의 정책과 군사권을 쥐

파직

벼슬자리에서 물러나게 하는 것
입니다.

고 조선을 지배했던 것입니다. 그때 조선 사람들은 상상도
못할 정도의 굴욕감을 느껴야 했습니다.

위안스카이　　나, 난 그런 적 없고 모르는 일이오!

나대로 변호사　　한 가지 예를 들면, 증인은 조선 왕에게 예의도 갖
추지 않았고, 오만 방자함이 하늘을 찔러 왕과 왕비까지 증인의 눈
치를 봐야 했습니다. 그것도 기억나지 않는 일인가요?

위안스카이　　끙…….

나대로 변호사　　개화당 정부가 증인 등 청나라의 무력 때문에 물러
나자, 청나라의 내정 간섭은 더욱 심해졌습니다. 증인은 조선에서
경제적인 이익을 얻기 위해 상인들에게 횡포를 부렸습니다. 또, 조
선 정부가 외국에 공사를 파견하는 일도 방해했지요. 이렇게 증인의
간섭이 심해지자 조선 정부는 청나라에 증인을 파직시켜 달라고 요
청했지만 번번이 거절당했습니다. 오히려 증인은 고종을 왕위에서
몰아내려는 음모를 꾸미기까지 했습니다. 인정하십니까?

위안스카이　　그건 모두 조선의 미래를 위한 일이었소. 사내대장부
가 출세를 하자면 그 정도는 해야지, 뭘 꼬치꼬치 따져?

나대로 변호사　　오만 방자하게 조선의 주권을 짓밟았던 증인과 같
은 청나라 세력 때문에 개화당에서 정치 개혁을 추진했다는 걸 밝히
기 위해서입니다. 이제 좀 이해하시겠습니까? 그리고 영혼들은 지위
가 다 똑같으니 함부로 반말하지 마세요. 이것으로 반대 신문을 마
치겠습니다.

판사　　그런데 청나라 군대가 창덕궁을 공격할 무렵 일본군은 어디

서 무얼 하고 있었죠? 개화당이 일본의 힘을 빌린 것은 청나라 군대를 막기 위해서가 아닙니까?

나대로 변호사   그렇습니다. ▶하지만 일본은 그때 개화당과 했던 약속을 어기고 군사를 철수시켰습니다. 결정적인 순간에 배반을 했던 것이죠. 그러니 원고가 일본을 얼마나 원망했겠습니까? 이런 점에서 원고는 근본적으로 친일파가 될 수 없었습니다.

판사   일본이 중요한 순산에 약속을 어긴 이유는 뭔가요?

나대로 변호사   여러 가지 이유가 있었지만, 가장 큰 이유는 당시만 해도 청나라와 맞설 만한 군사력이 되지 못했기 때문입니다. 일본은 나중에 청일 전쟁, 러일 전쟁에서 큰 승리를 거두고 마침내 조선을 지배하게 되었지만, 갑신정변 때만 해도 청나라의 상대가 되지 않았습니다. 그러니 개화당을 이용해 조선의 지배권을 차지하려다가 갑자기 배반을 한 것이죠. 이런 점에서 일본의 야비한 면모를 엿볼 수 있습니다.

판사   그렇기도 하겠지만, 그게 냉엄한 국제 관계입니다.

나대로 변호사   판사님, 저는 이번 재판을 마치면서 원고인 김옥균 대감이 갑신정변 실패 후 어떻게 살았는지 직접 증언을 듣고자 합니다.

판사   허락합니다. 원고는 일본 망명 때의 일과 암살당할 때까지의 과정을 간략히 진술해 주세요.

김옥균   개혁 실패 후 나는 급히 일본으로 망명하기 위해 제물포로 달려갔지만, 거기서부터 일본 정부의 탄압을

받기 시작했어요. 겨우 선장의 도움을 받아 일본에 도착했지만 그때부터는 쫓기는 처지가 되었지요. 민씨 정권이 수많은 암살자를 보내 나를 죽이려 했기 때문이라오. 더구나 일본 정부는 나를 귀찮게 여겨서 일본 본토에서 1000킬로미터나 떨어진 오가사와라 제도로 나를 유배 보냈어요. 무덥고 삭막한 그 섬에서 지내는 동안 나는 풍토병 등 큰 병을 얻어 뼈만 남게 되었지요. 그제야 일본 정부에서 유배를 풀어 수었지만, 일본 본토로 돌아가니 그 소식을 들은 조선의 암살자들이 나를 추격하기 시작했고, 결국 청나라 상하이로 갔다가 민씨 정부가 보낸 홍종우에게 암살당하고 말았어요.

판사　　들고 보니 원고는 드라마틱한 인생을 보내셨군요. 그 이야기를 20부작 미니 시리즈로 만들면 대박이 나겠어요.

김옥균　　안 그래도 내 생애를 다룬 책이나 영화가 한때 인기였어요. 그런데 죽었다는 이유로 원작료나 인세도 한 푼 받지 못하고…….

판사　　모두 수고하셨습니다. 지금까지 원고 등 개화당이 추진했던 갑신정변의 배경과 그 과정, 그리고 실패한 원인을 알아보았습니다. 원고 측과 피고 측의 치열한 법정 공방과 증인들의 진술은 최종 판결에 반영될 것입니다. 잠시 휴정한 뒤 양측의 최후 진술을 듣고 오늘의 재판을 마치겠습니다.

　　왜 갑신정변은 삼일천하로 끝났을까?

다알지 기자

안녕하십니까? 다알지 기자입니다. 갑신
정변의 재판이 막바지에 접어든 가운데 휴정
시간을 맞았습니다. 오늘 마지막 재판에서는
갑신정변이 실패로 끝난 이유와 김옥균의 최후에
대해서 살펴보았습니다. 명성 황후와 친청 세력이 청나라를 끌어들여
갑신정변을 진압하고 그 과정에서 김옥균은 일본에게 배신을 당했는
데요. 과연 실패로 끝난 갑신정변은 어떤 의미를 가질지 많은 청중들
이 궁금해하는 가운데 재판이 끝이 났습니다. 이제 원고와 피고는 최
후 진술을 앞두고 있는데요, 양측 어떤 각오인지 들어 보겠습니다.

김옥균

　지금까지 여러 차례 밝혔듯이, 나는 진실은 반드시 승리한다는 것을 확신합니다. 역사에 무지했던 나대로 변호사가 임예리 변호사와 맞설 수 있는 힘이 어디에서 생겼겠습니까? 그것은 바로 내가 권력에 욕심을 부리지 않았으며 백성들 편에서 혁명을 일으키려 했다는 진실을 알았기 때문이지요. 이제야 말씀드리지만, 처음엔 나 변호사에게 변론을 의뢰하는 게 미덥지 않았습니다. 하지만 여러분이 지켜보신 것처럼 나 변호사는 이번에 맹활약을 해서 내 명예를 되찾아 주었고, 자신도 역사공화국 최고의 스타로 떠오르게 되었으니 얼마나 기쁜 일입니까. 존경하고 사랑하는 방청객 여러분! 그동안 저를 성원해 주셔서 감사합니다. 이제 마음 놓고 제가 승리하는 순간을 지켜봐 주시기 바랍니다. 파이팅!

　왜 갑신정변은 삼일천하로 끝났을까?

민영익

여러분, 다시 뵙게 되어 반가워요. 그런데 김옥균 씨는 마치 승소라도 한 것처럼 떠벌리는군요. 갑자기 김옥균 씨가 뭐냐고요? 내가 좀 열을 받아서 그럽니다. 뭐, 다른 사람들이 대감, 대감 하니까 실제 대감인 줄 아시겠지만, 그건 김 씨가 사살당한 뒤에 대제학으로 추증되었기 때문이지 살아 있을 땐 대감이 아니었어요. 대감이란 정2품 이상의 벼슬을 가진 사람의 호칭이니, 김옥균 씨라고 하는 게 옳아요. 김옥균은 자기는 절대 아니라고 발뺌하지만 일본 정부의 지시대로 움직여 갑신정변을 일으킨 주범이에요. 만약 그가 친일파가 아니었다면 정변에 실패한 뒤 어떻게 일본으로 도망쳤겠습니까? 일본 정부가 자기를 보호해 줄 거라고 믿었기에 그리하지 않았겠어요? 또 그가 일본에서 10년 동안이나 망명 생활을 할 수 있었던 것도 일본 정부와 정치가들이 보호해 준 덕택이었지요. 그런 김옥균 씨가 친일파가 아니었다니 소가 웃을 일이 아닌가요? 여러분, 저는 사실을 사실대로 말했을 뿐 결코 김옥균 씨의 명예를 훼손하지 않았습니다. 그러니 이번 재판의 배심원과 판사님이 제 손을 들어 줄 것으로 굳게 믿습니다. 저를 지지해 주신 여러분께도 감사드립니다.

자주 개혁의 기회를 놓친
친청 보수파는 반성하시오
vs
김옥균은 일본의 입장에서
국제 관계를 받아들인 친일파입니다

판사 마지막으로 양측의 최후 진술을 듣고 판결을 내리겠습니다. 먼저 원고가 진술해 주세요.

김옥균 존경하는 판사님, 그리고 배심원 여러분, 저는 조선 후기를 주름잡았던 명문 안동 김씨 가문에서 태어났고, 과거에서 장원 급제하여 관료가 되었습니다. 제가 처음 벼슬을 했을 때 조선은 개화와 쇄국을 두고 큰 갈등을 겪고 있었습니다. 그러면서도 동북아시아의 여러 나라 중 오직 조선만 빗장을 걸어 잠근 채 쇄국의 길을 고집했지요.

하지만 제아무리 고집 센 흥선 대원군도, 보수 유림도, 개항의 높은 물결을 막지는 못했습니다. 왜 그랬을까요? 개항하고 서로 교류하는 게 그 시대의 순리였기 때문입니다. 그런데 오직 조선만 개항의 물결을 막겠다며 우물 안 개구리처럼 세계와 담을 쌓고 지냈으니 얼마나 답답한 일인가요?

그런 점에서 박규수, 오경석, 유대치 선생의 개화사상은 그야말로 조선의 새벽을 알리는 샛별과도 같았고, 저와 개화당 동지들은 그런 분들로부터 가르침을 받은 것을 큰 영광으로 생각했습니다.

개항을 했다고 조선이 무너지지는 않았습니다. 마찬가지로, 조선이 낡은 제도와 사상, 풍습을 버리고 근대화가 된다고 해서 위험해지는 것도 아니었지요. 오히려 조선이 주변국과 어깨를 나란히 할 수 있도록 부강해지는 길이었습니다. 그런데 민씨 정권과 보수파들은 어떻게 했습니까? 그들은 흥선 대원군을 몰아낸 뒤 그 지긋지긋한 세도 정치를 다시 시작했습니다. 백성들은 다시 시름에 빠졌고 곳곳에서 민란이 일어났어요. 그중 가장 상징적인 사건이 바로 임오군란입니다. 임오군란은 민씨 정권의 부패함과 무능함을 대표적으로 보여 주는 사건이었지요. 그런데 민씨 정권은 그런 변란을 겪은 뒤에도 청나라 군대에 의지해 권력을 이어 나갔습니다. 부정부패는 더욱 심해졌으며, 청나라는 조선을 확실히 지배하려고 민씨 정권을 심하게 간섭했습니다.

존경하는 판사님, 그리고 배심원 여러분! 제가 개화당 동지들과 혁명을 일으킨 배경에는 바로 이런 시대 상황이 있었다는 점을 고려해 주시기 바랍니다. 상식을 가진 분들이라면 개화당의 개혁이 성급하긴 했지만 결코 일본에 빌붙어 권력을 차지하려는 야심에서 비롯된 게 아니라는 걸 인정하실 것입니다. 따라서 갑신정변은 결코 반역 사건이 아니며, 저는 친일파가 아니었다는 것을 분명히 말씀드리면서 최후 진술을 마칩니다. 감사합니다.

판사 이번엔 피고가 최후 진술을 해 주세요.

민영익 먼저 판사님과 배심원 여러분들께서 원고의 거짓됨에 현혹되지 마실 것을 부탁드립니다. 지금까지 밝혀진 것처럼 원고는 갑신정변을 정당화하기 위해 온갖 논리를 동원해 왔습니다. 하지만 갑신정변은 고려의 역사를 뒤집어 놓은 무신 정변, 516 군사 정변과 조금도 다르지 않습니다. 정변을 성공시키기 위해 무력을 끌어들였고, 최고 권력자인 왕 또는 대통령을 허수아비로 만든 뒤 자신들이 권력을 차지한 거니까요. 더구나 정변 과정에서 수많은 반대파들이 희생되거나 탄압받았다는 점에서도 똑같습니다.

이번 재판에서 저는 처음부터 끝까지 목적이 정당해도 그 절차와 수단이 옳지 않다면 냉정하게 비판받아야 한다고 주장해 왔습니다. 그것은 갑신정변도 예외가 아닙니다. 원고는 조선을 근대화시키기 위해 혁명을 일으켰다고 극구 항변하지만, 그로 인해 나를 비롯한 수많은 사람들이 죽거나 다쳤고 왕과 왕비는 궁궐에서 쫓겨나 좁고 누추한 경우궁에 갇히게 되었지요. 따라서 원고는 나를 고소할 게 아니라 오히려 반역죄로 고소를 당해야 마땅합니다. 그럼에도 적반하장으로 소송을 제기했으니 정말 어이가 없지만, 진실을 밝히기 위해 제가 이번 재판에 임한 것입니다.

그리고 원고는 친일파로 비난받는 게 억울하다고 했는데, 원고가 후쿠자와 유키치 등 일본 거물들의 지원을 받았으며 망명 생활 중에도 그들의 보호를 받은 것은 세상이 다 아는 일입니다. 저는 나라를 팔아먹고 민족을 배반한 사람들만 친일파라고 생각하지 않습니다. 일본과 가깝게 지내고 일본의 입장에서 냉엄한 국제 관계를 받아들였다면 그 사람도 친일파입니다. 청나라와 가깝게 지내면 친청파, 미국과 가깝게 지내면 친미파인 것과 마찬가지죠. 따라서 원고가 친일파였다는 건 명백한 사실이지 결코 명예를 훼손한 게 아닙니다.

　판사님과 배심원 여러분의 현명한 판결을 기대합니다.

판사　　지금까지 재판에 참여했던 양측 변호사와 배심원단, 방청객, 그리고 끝까지 자리를 함께한 기자 여러분, 모두 수고가 많으셨습니다. 배심원의 판결서는 4주 후에 저에게 전달될 예정입니다. 배심원의 판결 결과는 참고 사항으로서 법관의 판결은 배심원의 의견에 구속되지 않습니다. 나는 배심원의 판결서를 참고하여 4주 이후에 판결문을 공개하겠습니다. 그때까지 방청객과 기자 여러분도 이번 재판에 대해 각자 판결을 내려 보시기 바랍니다.

　땅, 땅, 땅!

역사공화국 한국사법정 재판 번호 48 김옥균 vs 민영익

주문

역사공화국 한국사법정은 원고 김옥균이 피고 민영익을 상대로 제기한 명예 훼손에 따른 정신적 손해 배상 청구를 기각한다.

판결 이유

이 재판의 원고 김옥균은 피고 민영익이 자신을 친일파로 매도하고 갑신정변이 반역 사건이었다고 밝힌 신문 기고문을 보고 명예를 훼손당했다고 주장했다. 아울러 갑신정변은 부강한 나라를 만들기 위한 정치 개혁이었지 결코 반역 사건이 아니었다고 항변했다. 이에 대해 피고는 갑신정변 과정에서 목숨을 잃을 뻔할 정도로 공격을 받았으니 오히려 자신이 피해자라고 주장했고, 갑신정변은 수많은 반대파를 제거하고 심지어 왕과 왕비를 볼모로 삼아 권력을 차지하려 했던 원고의 반역 사건이었다고 진술했다.

원고의 주장처럼 피고가 개화당에 속했다가 민씨 정권에 참여한 사실이 인정된다. 또, 갑신정변이 조선을 근대화하고 청나라의 간섭에서 독립할 목적으로 추진된 정치 개혁이었다는 점도 인정된다. 하지만 갑신정변이 너무 갑작스럽게 추진되면서 백성의 지지를 받지 못했고, 정변이 진행되는 동안 수많은 반대파들을 희생시켰으며, 원고가 왕과 왕비를 협박하고 감금했던 일은 결코 정당화될 수 없다. 더구나 원고가 갑신정변을 준비하기 전부터 일본 정부의 지원 약속을 받은 점, 정변 실패 후 일본으로 망명해 일본의 보호를 받았다는 점에서 원고가 친일파였다는 지적은 그르다고 볼 수 없다. 따라서 원고가 명예를 훼손당했다며 제기한 이번 소송은 타당한 이유가 없다.

여기서 피고 측 변호인의 주장대로 제아무리 목적이 정당하더라도 그 방법과 절차가 잘못되었다면 옳지 않다는 점을 강조하고자 한다. 원고의 주장대로 갑신정변은 청나라의 간섭에서 벗어나 조선을 자주 국가로 만들고 부정부패를 일삼는 민씨 정권을 몰아내기 위해 일어난 역사적인 사건이었다. 또, 청나라 군대의 간섭으로 인해 정변이 사흘 만에 실패로 돌아가고 원고 등 개화당이 엄청난 보복을 받게 되었던 사건이며, 조선 최초의 근대적인 정치 혁명이었다. 그렇지만 반대파를 죽이고 왕과 왕비를 감금한 것은 정당화될 수 없으며, 아울러 조선을 자주 독립 국가로 만들기 위해 정변을 일으킨다고 하면서 일본의 도움을 받았던 것은 큰 모순이 아닐 수 없다.

따라서 원고가 친일파이며 갑신정변이 반역 사건이란 피고의 주장에 반발해 제기한 이번 소송은 원고의 주장을 기각하는 것으로 마무리한다.

역사공화국 한국사법정 담당 판사 공정한

"나라를 위해 노력했던
정치가로 기억되길……"

역사공화국 최고의 유명 변호사가 될 뻔했던 나는 다시 골방과 같은 사무실에 틀어박혔다. 에휴! 재판에서 이기려고 역사책을 그렇게 읽었건만 괜히 시간 낭비만 했다. 내가 그렇지 뭐. 나는 내 머리를 쥐어뜯다가 냉장고에서 맥주 캔을 꺼내 들었다. 맥주 마시고 속 차려야지.

바로 그때였다. 생전에 팔방미인이었다는 김옥균 대감이 사무실로 들어섰다.

"여, 여길 어떻게……."

나는 캔을 따려다 말고 김 대감을 멀뚱멀뚱 바라보았다.

"내가 이럴 줄 알았다니까. 그러니까 자네가 지질한 변호사란 소리 듣지."

그 말에 나는 벌컥 소리를 질렀다.

"그래요, 전 지질한 놈입니다. 그래서 어쩌라고요."

"뭘 어쩌라는 건 아니고, 이제 힘 좀 내라고 찾아온 것이네."

"다 이길 뻔한 재판을 패소했는데 어떻게 힘을 내요?"

내가 따지고 들자 김 대감은 호탕하게 웃었다.

"난 처음부터 자네가 이길 수 없다는 걸 알고 있었네. 하지만 자넨
이긴 거나 마찬가질세."

이건 무슨 황당한 논리지? 나는 그 말의 속뜻을 알아내기 위해 한

참이나 머리를 굴렸다. 아무리 생각해도 답이 나오지 않았다.

"무슨 말인가 하면, 비록 패소는 했지만, 나는 명예를 완전히 회복했단 말일세. 이 역사공화국 시민들이 내가 왜 갑신정변을 일으켰으며 나라를 위해 얼마나 노력했는지 잘 알게 되었잖은가. 그러니 내 명예는 회복된 거고, 자넨 기죽을 필요가 없네."

"하지만 대감께서 최후 진술을 하실 때만 해도 전 승리를 확신했다고요. 그런데 이게 뭐죠? 완전히 스타일만 구겼잖아요. 더구나 임예리한테는 15전 15패라니……."

그때 어디 있었던 건지 갑자기 임예리 변호사가 나타나 박수를 쳤다.

"날 이길 생각은 아예 하지 않는 게 좋을 거야. 그래도 이번엔 제법이더라. 사실 내가 패소할까 봐 얼마나 가슴이 조마조마했는데."

우아! 내가 임예리한테 그런 말을 듣다니! 이건 재판에서 승소한 것보다 더 기쁜 일이다.

"그러니까 너무 기죽지 말고 나가자고. 내가 두 사람을 위해 오늘 밤에 확실히 쏜다!"

참, 역사공화국에서 오래 지내다 보니 별일도 다 생긴다.

체신 기념관과 우표 박물관

체신 기념관

● 체신 기념관

우리나라 역사상 최초의 우체국이었던 우정총국은 근대식 우편 제도를 처음으로 우리나라에 도입한 개화기의 상징물이기도 하였습니다. 강화도 조약을 시작으로 문호가 개방되면서 우편 사업의 필요성이 커지게 됩니다. 그래서 1884년에 고종의 칙령으로 전의감 부속 건물에 우정총국이 설치되지요. 우리나라 최초로 우편 업무를 보는 관서가 생긴 것입니다. 병조 판서인 홍영식이 총판에 임명되었고, 박영효 등이 사무를 분담하여 업무를 보았습니다.

그러나 우정총국의 업무는 그리 오래가지 못했습니다. 우정총국이 설치된 해, 청사 개업 축하연에서 갑신정변이 벌어졌기 때문입니다. 축하연에 고위 관료들이 많이 모이면 그들을 살해하고 개화당 정부를 수립하기로 계획을 세웠던 것이지요. 이런 역사적 굴곡을 그대로 간직한 이곳은 1972년에 체신 기념관으로 개관한 후, 현재는 우정박물관

소장 자료 중 일부를 복제하여 전시하고 있습니다. 1884년 무렵에 우표를 팔고 집배하던 장소를 그려 놓은 지도와 구한말에 사용한 우표도 전시되어 있지요.

● 우표 박물관

많은 사람들이 이용하는 서울중앙우체국 지하 2층에도 우리 우편과 통신의 역사를 살펴볼 수 있는 '우표 박물관'이 있습니다. 작은 네모 속에 함축된 이야기를 담고 있는 우표를 통해 여러 역사의 현장과 사람을 만나볼 수 있지요. 우표 박물관

우표 박물관

에는 우표의 역사를 볼 수 있는 '우정 역사 마당', 우표에 대한 재미있는 이야기를 알 수 있는 '우표 체험 마당', 우표가 만들어지는 과정을 알아볼 수 있는 '우표 정보 마당'은 물론 나만의 우표를 만들어 볼 수 있는 곳도 있습니다.

찾아가기 체신 기념관   주소 서울시 종로구 우정국로 59
　　　　　　　　　　　 운영시간 9:00~18:00(1월 1일, 설날, 추석 휴관)
　　　　　　　　　　　 전화번호 02-734-8369
　　　　　 우표 박물관   주소 서울시 중구 반포로 1
　　　　　　　　　　　 운영시간 9:00~18:00(월요일, 1월 1일, 설날, 추석, 국경일 휴관)
　　　　　　　　　　　 전화번호 02-6450-5600
　　　　　　　　　　　 홈페이지 www.kstamp.go.kr

『역사공화국 한국사법정 48 왜 갑신정변은 삼일천하로 끝났을까?』
와 관련한 논술 문제를 풀어 봅시다.

※ 다음 제시문을 읽고 물음에 답하시오.

(가) 만약에 군주의 전제권을 견고히 하려면 국민을 어리석게 해야
하는데, 국민이 어리석고 약해지면 나라도 함께 약해지는 것입
니다. 진실로 나라를 부강하게 하여 서양과 맞서려면 군권을 줄
여 국민에게 응분의 자유를 누리게 하고 보국의 책임을 다하게
해야 합니다.

— 박영효가 고종에게 건의한 글

(나) 서양의 종교는 사교이므로 마땅히 음탕한 음악이나 미색처럼
여겨서 멀리해야겠지만, 서양의 기계는 이로워서 진실로 이용
후생할 수 있으니 농업과 양잠, 의약, 병기, 배, 수레 같은 것을
제조하는 데 무엇을 꺼려하며 하지 않겠는가? 그들의 종교는
배척하고 기계를 본받는 것은 진실로 병행해도 사리에 어그러
지지 않는다. …… 참으로 안으로 정교(政敎)를 닦고 밖으로 이
웃과 수호를 맺어 우리나라의 예의를 지키면서 부강한 각 나라

들과 대등하게 하여 너희 사민들과 함께 태평성세를 누릴 수
있다면 어찌 아름답지 않겠는가?

— 임오군란 후 김윤식이 기초한 교서

1. (가)와 (나)를 읽고, 각각 온건 개화파와 급진 개화파 중 어느 쪽 의견
인지 쓰고, (가)와 (나)의 공통점과 차이점에 대해 써 보시오.

※ 다음 제시문을 읽고 물음에 답하시오.

1. 청나라에 잡혀간 흥선 대원군을 속히 귀국시키며 종래 청나라에 대해 행하던 조공의 허례를 폐지한다.
2. 문벌을 폐지하고 인민 평등권을 제정하여 능력에 따라 관리를 임명한다.
3. 지조법을 개혁하여 관리의 부정을 막고 백성을 보호하며 국가 재정을 넉넉히 한다.
4. 내시부를 없애고, 그중 우수한 인재는 등용한다.
5. 탐관오리 중에서 그 죄가 심한 자는 처벌한다.
6. 각 도의 환상을 영구히 받지 않는다.
7. 규장각을 폐지한다.
8. 급히 순사를 두어 도둑을 방지한다.
9. 혜상공국을 혁파한다.
10. 귀양살이를 하는 자와 옥에 갇힌 자는 그 정상을 참작하여 적당히 형을 감한다.
11. 4영을 합하여 1영으로 하되, 영 중에서 장정을 선발하여 근위대를 설치한다.
12. 모든 재정은 호조에서 관할한다.
13. 대신과 참찬은 의정부에 모여 정령을 의결하고 반포한다.
14. 의정부와 6조 외에 필요 없는 관청을 없앤다.

— 혁신 정강 14개조

왜 갑신정변은 삼일천하로 끝났을까?

2. 제시문은 갑신정변 당시 개화당이 내세운 혁신 정강 14개조입니다.
   혁신 정강의 내용을 정치, 경제, 사회, 군사의 네 항목으로 각각 나누어
   보고, 이러한 정강을 통해 개화당이 이루고자 한 것이 무엇이었는지
   유추하여 써 보시오.

해답 1 (가)는 급진 개화파인 박영효의 글로 나라의 힘을 강하게 하려면 국민이 강해져야 한다고 말하고 있습니다. 그래서 그 방법으로 군권 즉 정부의 힘을 줄여야 한다고 역설하고 있지요. 여기서 정부의 힘이란 나라의 힘, 즉 왕의 힘을 가리킨다고 보아도 무방할 것입니다. 이렇게 왕의 힘의 약화를 주장하는 것은 급진적인 생각으로 당시 메이지 유신으로 급진적인 근대화를 이룬 일본의 영향을 받았다고 볼 수 있습니다.

(나)는 온건 개화파인 김윤식의 글로, 서양의 종교는 멀리하더라도 이로운 서양의 기계는 받아들여야 한다는 입장입니다. 서양의 기술과 제도에 대해서는 호감을 표현하지만, 그것을 받아들이기 위해서 우리 문화를 잃어서는 안 된다고 말하고 있습니다. 이는 청나라의 양무운동과 맥락을 같이하는 것으로 청나라의 영향을 받았다고 볼 수 있지요.

이렇게 (가)와 (나)는 서양의 기술과 제도를 받아들이자는 입장은 공통된 반면, 그것을 받아들이는 데 있어서는 상반된 입장을 보입니다. (가)는 군권을 줄여서 국민의 힘을 키우고 나라를 부강하게 해야 한다고 주장하는 근대화를 선택한 반면, (나)는 정교를 닦고 예의를 지키며 외국의 것을 받아들여야 태평성세를 누릴 수 있다고 주장하고 있습니다.

해답 2 14개조의 정강 중에서 흥선 대원군을 귀국시키고 문벌을 폐지하자는 내용은 정치에 해당합니다. 또한 조선 시대에 궁중 안의

식사 감독과 왕명을 전달하는 일을 하던 내시부를 없애고, 조선 후기 왕실의 학문 연구 기관이자 왕실 도서관인 규장각을 폐지하는 것은 왕을 보좌하는 기관을 없애 그 권력을 줄이려는 것으로 정치 분야에 해당하는 조항입니다. 그리고 의정부에 모여 여러 안건을 의결하는 것과 필요 없는 관청을 없애는 것 역시 정치 분야의 일이지요. 따라서 1조, 2조, 4조, 7조, 13조, 14조는 혁신 정강 중 정치 분야에 해당하는 조항이라 할 수 있습니다.

한편, 토지와 관련하여 세금을 매기는 전근대의 조세 제도를 지조법이라고 하는데, 지조법을 개혁하는 것, 환곡을 받지 않는 것, 재정에 관련된 것 등은 경제 분야에 해당하지요. 또한 보부상을 보호하기 위해 설치한 기관인 혜상공국에 관한 조항도 경제 분야로 봐야 합니다. 그러므로 3조, 6조, 9조, 12조의 조항은 경제 분야에 해당합니다. 그리고 탐관오리를 처벌하고 도둑을 방지하고 형을 감하는 것 등은 민심과 관련된 것으로 사회 분야, 근위대를 설치하는 것은 군사 분야에 해당한다고 할 수 있습니다.

개화당의 목표는 이러한 혁신 정강에 기초하여 나라의 근대화를 이루는 것이었습니다. 그래서 국왕의 권력을 제한하고, 외세에 휘둘리지 않는 자주권을 찾고자 했지요. 안으로는 능력에 따라 관리를 임명함으로써 우수한 인재를 활용하여 힘을 키우고, 흉흉한 민심을 수습하여 개화당의 개혁 정치에 동참하게 하고자 했습니다.

* 해답은 예시로 제시된 내용입니다.

역사공화국 한국사법정 48

왜 갑신정변은 삼일천하로 끝났을까?

© 이정범, 2012

초판 1쇄 발행일 2012년 6월 8일
초판 6쇄 발행일 2024년 4월 1일

지은이   이정범
그린이   이일선
펴낸이   정은영

펴낸곳   (주)자음과모음
출판등록   2001년 11월 28일 제2001-000259호
주소   10881 경기도 파주시 회동길 325-20
전화   편집부 (02) 324-2347 경영지원부 (02) 325-6047
팩스   편집부 (02) 324-2348 경영지원부 (02) 2648-1311
이메일   jamoteen@jamobook.com

ISBN 978-89-544-2348-9 (44910)

과학공화국 법정시리즈 (전 50권)

생활 속에서 배우는 기상천외한 수학·과학 교과서!
수학과 과학을 법정에 세워 '원리'를 밝혀낸다!

이 책은 과학공화국에서 일어나는 사건들과 사건을 다루는 법정 공판을 통해 청소년들에게 과학의 재미에 흠뻑 빠져들게 할 수 있는 기회를 제공한다. 우리 생활 속에서 일어날 만한 우스꽝스럽고도 호기심을 자극하는 사건들을 통하여 청소년들이 자연스럽게 과학의 원리를 깨달으면서 동시에 학습에 대한 흥미를 가질 수 있도록 구성하였다.

과학자가 들려주는 과학 이야기 (전 130권)

위대한 과학자들이 한국에 착륙했다!
어려운 이론이 쏙쏙 이해되는 신기한 과학수업,
〈과학자가 들려주는 과학 이야기〉 개정판과 신간 출시!

〈과학자가 들려주는 과학 이야기〉 시리즈는 어렵게만 느껴졌던 위대한 과학 이론을 최고의 과학자를 통해 쉽게 배울 수 있도록 했다. 또한 지적 호기심을 자극하는 흥미로운 실험과 이를 설명하는 이론들을 초등학교, 중학교 학생들의 눈높이에 맞춰 알기 쉽게 설명한 과학 이야기책이다.

특히 추가로 구성한 101~130권에는 청소년들이 좋아하는 동물 행동, 공룡, 식물, 인체 이야기와 최신 이론인 나노 기술, 뇌 과학 이야기 등을 넣어 교육 과정에서 배우고 있는 과학 분야뿐 아니라 최근의 과학 이론에 이르기까지 두루 배울 수 있도록 구성되어 있다.

★ 개정신판 이런 점이 달라졌다! ★

첫째, 기존의 책을 다시 한번 재정리하여 독자들이 더 쉽게 이해할 수 있게 만들었다.

둘째, 각 수업마다 '만화로 본문 보기'를 두어 각 수업에서 배운 내용을 한 번 더 쉽게 정리하였다.

셋째, 꼭 알아야 할 어려운 용어는 '과학자의 비밀노트'에서 보충 설명하여 독자들의 이해를 도왔다.

넷째, '과학자 소개 · 과학 연대표 · 체크, 핵심과학 · 이슈, 현대 과학 · 찾아보기'로 구성된 부록을 제공하여 본문 주제와 관련한 다양한 지식을 습득할 수 있도록 하였다.

다섯째, 더욱 세련된 디자인과 일러스트로 독자들이 읽기 편하도록 만들었다.

철학자가 들려주는 철학 이야기 (전 100권)

아이들의 눈높이에 맞춘 철학 동화!
책 읽는 재미와 철학 공부를 자연스럽게 연결한 놀라운 구성!

대부분의 독자들이 어렵게 느끼는 철학을 동화 형식을 이용해 읽기 쉽게 접근한 책이다. 우리의 삶과 세상, 인간관계에 대해 어려서부터 진지하게 느끼고 고민할 수 있도록, 해당 철학 사조와 철학자들의 사상을 최대한 풀어 썼다.

이 시리즈의 가장 큰 장점은 내용과 형식의 조화로, 아이들이 흔히 겪을 수 있는 일상사를 철학 이론으로 해석하고 재미있는 이야기로 담은 것이다. 또한 아이들의 눈높이에 맞는 쉽고 명쾌한 해설인 '철학 돋보기'를 덧붙였으며, 각 권마다 줄거리나 철학자의 사상을 상징적으로 표현한 삽화로 읽는 재미를 더한다. 철학 동화를 이끌어가는 주인공을 형상화하고 내용의 포인트를 상징적으로 표현한 삽화는 아이들의 눈을 즐겁게 만들어준다. 무엇보다 이 시리즈는 철학이 우리 생활 한가운데 들어와 있고, 일상이 곧 철학이라는 사실을 잘 보여준다. 무엇보다 자기 자신을 극복한다는 것, 인간을 사랑한다는 것, 진정한 인간이 된다는 것, 현실과 자기 자신을 긍정한다는 것 등의 의미를 아이들의 시선에서 풀어내고 있다.

경제학자가 들려주는
경제 이야기 (20권 출간)

박주헌 외 지음 | (주)자음과모음

지루했던 경제가 재미있는 고전으로 살아나다!
수능과 논술에 반드시 나오는 경제 이야기

이 책의 구성

1. 각 단원마다 연계시킨 기출 문제를 통해 수능과 논술에 효과적으로 대비할 수 있습니다.
2. 교과서 내 설명을 덧붙임으로써 학생들이 초·중·고 교과 과정에 익숙해질 수 있습니다.
3. 일상생활에서 경험할 수 있는 다양한 사례를 제시함으로써 우리 아이가 올바른 경제 습관을 형성할 수 있도록 합니다.
4. 딱딱한 경제를 역사, 문화, 생활 속 이야기로 풀어내어 학생들의 폭넓은 이해를 돕는 훌륭한 인문 교양서입니다.

〈경제학자가 들려주는 경제 이야기〉에서는 어렵고 아리송한 경제 이야기를 경제학자가 직접 이야기하듯이 전달하여 재미를 더합니다. 다양한 사례들을 통해 경제 이야기를 접하다 보면 우리가 살고 있는 사회와 경제의 다양한 관계를 입체적으로 살펴볼 수 있습니다.